MARIA GIULIA BERNARDINI

Judith Butler

MUJERES Y
PENSAMIENTO
POLÍTICO

altamarea

Primera edición en esta colección: marzo de 2024

© 2024 Maria Giulia Bernardini
© de la presente edición: Altamarea Ediciones

© de la traducción: Beatriz Gómez-Miedes

Diseño de la colección: Sara Maroto Hebrero
Corrección: Patricia Alonso y Claudia D'Amico
Maquetación: María Marín

El proyecto «Mujeres y pensamiento político» cuenta con el
apoyo del Istituto di Studi Storici Gaetano Salvemini de Turín

Istituto di studi storici
Gaetano Salvemini

ISBN: 978-84-18481-81-9
DL: M-1817-2024

Impreso en España por Estugraf en enero de 2024

MARIA GIULIA BERNARDINI

Judith Butler

Traducción de
Beatriz Gómez-Miedes

Maria Giulia Bernardini es investigadora en Filosofía del Derecho en la Universidad de Ferrara.

NOTA DE LOS EDITORES

¿Cómo y hasta qué punto han contribuido las mujeres a conformar el pensamiento político? Quien busque la respuesta a esta pregunta en los manuales universitarios quedará perplejo: aparte de en contadas excepciones, es muy difícil encontrar nombres femeninos en los textos que recorren la historia del pensamiento político moderno y contemporáneo. Una ausencia aún más llamativa si tenemos en cuenta el gran número de trabajos especializados hoy disponible, dedicados a figuras relevantes, en particular a las mujeres que, desafiando el tradicional monopolio masculino, supieron hacerse notar en los ambientes socio-culturales y en los sectores profesionales —desde la ciencia a la política, del deporte al mundo empresarial— de los que por tanto tiempo fueron excluidas a causa de los prejuicios.

De la constatación de esta ausencia, que testimonia un retraso no exento de culpa, nace la idea de esta colección: una serie de estudios dedicados a pensadoras y teóricas de la política, redactados de manera depurada y eficaz, fruto de recientes investigaciones confiadas a estudiosas y estudiosos de la disciplina. De esta manera se bosqueja una primera panorámica de la fundamental contribución femenina al desarrollo teórico y conceptual, a la deconstrucción y resignificación de los grandes temas que atraviesan «lo político». Un trabajo que aproxima, aunque no siempre coincide, a la historia del pensamiento feminista, de la perspectiva de género y de la emancipación de la mujer, y que permite formar un enfoque novedoso, quizás solo por desconocido, de la instauración de la «modernidad política» que —bajo la mirada de estas pensadoras— se muestra todavía más condicionada por una miríada de aporías.

Cristina Cassina,
Giuseppe Sciara,
Federico Trocini

Cronología
esencial

1956 Judith Pamela Butler nace en Cleveland, Ohio, en el seno de una familia ruso-húngara de origen judío que, por parte de madre, pereció en buena medida durante el Holocausto. Algunos de los supervivientes gestionan por aquellos años salas de cine de la ciudad.

1967 El director de la escuela judía advierte a la madre de Judith sobre la indisciplina de la hija. A la alumna se le castiga a asistir a clases suplementarias, que la llevan a interesarse por la dimensión colectiva de la filosofía.

1972 Con dieciséis años hace *coming out* tras un proceso tempestuoso.

1982 Se le pide por primera vez intervenir en una convención informal organizada por el colectivo Lesbian Sex Mafia y celebrada después de la Barnard Sex Conference, es decir, de uno de los momentos más importantes de la *sex war* feminista. Butler participa con una conferencia titulada *Speakout on Politically Incorrect Sex*.

1984	Se doctora en Filosofía en la Universidad de Yale.
1987	Aparece *Subjects of Desire: Hegelian Reflections in Twentieth-Century France,* una versión revisada de su tesis doctoral.
1990	Publica *Gender Trouble. Feminism and the Subversion of Identity* con la intención de encontrarle sentido a la manera en la que los miembros de su familia han intentado incorporar las normas de género. El texto se convierte en el manifiesto de la teoría *queer.*
1993	*En Bodies That Matter: On the Discursive Limits of «Sex»,* como respuesta a las críticas recibidas por *Gender Trouble,* vuelve a formular algunos de los conceptos expuestos en el libro de 1990 a partir de la teoría de la performatividad del género.
1996	Profundiza en las reflexiones sobre la performatividad en *Excitable Speech: A Politics of the Performative,* donde analiza de manera específica la cuestión del lenguaje.
1997	Publica *The Psychic Life of Power: Theories in Subjection,* donde estudia los procesos psíquicos y sociales de la formación del sujeto.
1998	Obtiene el primer premio del *Bad Writing Contest,* en el que la revista *Philosophy and Literature* reseña anualmente los pasajes «estilísticamente más deplorables» publicados en libros y artículos científicos.
2000	Aparecen *Antigone's Claim: Kinship Between Life and Death* y *Contingency, Hegemony, Universality,* en el que dialogan Judith Butler, Ernesto Laclau y Slavoj Žižek.

| 2004 | A lo largo del año aparecen dos importantes contribuciones de Butler. *Precarious Life: The Powers of Mourning and Violence* es un punto y aparte en su teoría y se convierte enseguida en uno de los manifiestos de la colectividad política global antimilitarista y no violenta. En el segundo texto, *Undoing Gender,* Butler vuelve a reflexionar en detalle sobre el género e indaga en la relación entre violencia y normas, vulnerabilidad y reconocimiento, dependencia y autonomía. Ese mismo año, en virtud del éxito conseguido en el ámbito de los estudios homosexuales, la Universidad de Yale le concede el premio Brudner. |

| 2005 | Apoya la campaña global de boicot contra Israel. Publica *Giving an Account of Oneself,* uno de sus textos más estrictamente filosóficos, en el que investiga la cuestión de lo humano desde el punto de vista del reconocimiento. |

| 2006 | Butler habla de sí misma en el *film profile* de Paule Zadjermann titulado *Judith Butler: Philosophical Encounters of the Third Kind.* |

| 2008 | Participa junto con Sunaura Taylor, activista en favor de los derechos de las personas con discapacidad, en el documental *Examined Life.* Las dos intercambian opiniones sobre la posibilidad de los cuerpos, la crítica al individualismo, la interdependencia y el concepto de discapacidad. |

| 2009 | Butler prosigue con las reflexiones acerca de la violencia, el racismo y los métodos de coerción en *Frames of war: When is Life Grievable?* |

| 2011 | Da un breve discurso en Wall Street y expresa su solidaridad con Occupy Wall Street, movimiento de |

protesta pacífica contra los abusos del capitalismo financiero.

2012 El 11 de septiembre, en Frankfurt, recibe el prestigioso premio Adorno. Contra ello protestan vehementemente los representantes israelíes en Alemania por razón del compromiso de Butler a favor del boicot a Israel y por las simpatías pro-palestinas de la pensadora. En tal ocasión, pronuncia el discurso *Can One Lead A Good Life in Bad Life?* Publica también *Parting Ways: Jewishness and the Critique of Zionism,* donde critica precisamente el sionismo y defiende una doble nacionalidad basada en la cohabitación entre israelíes y palestinos.

2013 A pesar de una violenta campaña denigratoria, pronuncia junto con Omar Barghouti una conferencia titulada *Boycott, Disinvest and Sanction* en el Brooklyn College. El estrés que le causa la celebración de la conferencia la obliga a suspender todas las intervenciones programadas para el resto del curso.

2015 Ven la luz dos nuevos textos. En *Senses of the Subject,* Butler afronta nuevamente la formación de la subjetividad y basa el análisis en la materialidad de los cuerpos. En *Notes Toward a Performative Theory of Assembly* reflexiona, en cambio, sobre la relación entre performatividad y precariedad y desarrolla las intuiciones que había formulado anteriormente acerca de la democracia radical.

2017 En noviembre, en Brasil, donde ha sido invitada para participar en una convención sobre el final de la democracia, es objeto de duras protestas por parte de activistas de asociaciones conservadoras locales, que la tildan de bruja y piden que sea llevada a la hoguera.

2020	Publica *The Force of Nonviolence. An Ethico-Political Bind.*
2021	Es censurada en las páginas de *The Guardian* por las duras expresiones con las que se refiere al denominado *trans-exclusionary feminism.*
2022	Aparece *What World Is This? A Pandemic Phenomenology.*
2023	En octubre, tras los ataques de Hamás en Israel, Butler vuelve sobre el tema de la violencia en Oriente Medio: a sus reflexiones recogidas en las columnas de la *London Review of Books* se unen las pronunciadas con motivo de la concesión del doctorado *honoris causa* en Estudios de Género en la Universidad de Bari. Butler es la primera filósofa en recibir tal reconocimiento en Italia.

I. Quería ser o bien filósofa, o bien payasa

Judith Pamela Butler nace en Cleveland, Ohio, el 24 de febrero de 1956, en el seno de una familia ruso-húngara de origen judío con un arraigado interés por la política, campo en el que se destacará por implicarse activamente. De su padre, dentista, no se tiene mucha información; se sabe que frecuentó el judaísmo reformista desde la infancia y que trabajó en las filas del personal médico del ejército durante la guerra de Corea. Su prometida de entonces le había regalado *El mundo como voluntad y representación* de Schopenhauer, uno de los primeros textos que consultó Judith en la adolescencia, como ella recuerda en *Undoing Gender*[1]

---

[1] Los títulos, abreviados, de los escritos de Judith Butler a los que se hace referencia en el texto aparecen en el idioma original. Las citas proceden de las ediciones originales. Los textos citados aparecen listados íntegramente en la bibliografía al final del volumen. *(Nota de la Autora)*.

[p. 237], donde explica sus primeros encuentros con la filosofía.

La madre de Judith, que se había formado en el seno del judaísmo ortodoxo antes de pasar al conservador y acabar en el reformista, formaba parte de una familia que gestionaba algunos cines de Cleveland. Buena parte de la familia había sido aniquilada en Hungría a principios de la década de los cuarenta. El trauma familiar, pues, marca desde la infancia la vida de Butler, obligada a convivir con el recuerdo y la herencia del Holocausto. Pese a alejase más tarde del sionismo, la rabia por la injusticia sufrida no la abandonará ni siquiera de adulta.

Pertenecían a la madre otros dos libros fundamentales para el comienzo de la carrera intelectual de Butler: la *Ética* de Spinoza y *O lo uno o lo otro* de Kierkegaard. Son libros que la madre había comprado a principios de los años cincuenta y que, quizá, leyó cuando asistió a algunos cursos universitarios. O, al menos, esta es la hipótesis de Butler cuando se detiene a estudiar los primeros pasos de su «radicalmente alternativo, autodidacta y precoz» interés por la filosofía [*ibidem*, 236].

Para Judith, el descubrimiento de aquellos textos en las estanterías polvorientas del sótano de casa es como una revelación o, quizá, la concretización de una intuición expresada solo unos pocos años atrás. Cuando tenía doce años la entrevistó un doctorando en Pedagogía y le preguntó qué quería ser de mayor; a la pregunta respondió que le gustaría ser «o bien filósofa, o bien payasa». La alternativa, en apariencia muy radical, se debe a que Butler no sabía muy bien si podría llegar a emprender la primera opción. De hecho, dependía mucho de la posibilidad de encontrar un mundo por el cual valiese realmente la pena filosofar, además del precio que costaba la seriedad [*ibidem,* 234].

Se trata de una alternativa decididamente interesante si se piensa en los hilos con los que tejerá sus reflexiones posteriores. Como es sabido, para desesperación de la madre, que habría querido que Judith estudiara Derecho, Butler elige ser filósofa. A partir de los años noventa se convierte en una de las intelectuales más conocidas del panorama mundial, lo que lleva a la filósofa italiana Adriana Cavarero, con la que trabajará conjuntamente en el tema de la vulnerabilidad, a destacar en el prefacio de *Bodies That Matter* la «aureola de celebridad casi mítica» que tiene Butler [Cavarero 2023:6].

Ya adulta, Butler no parece haber renunciado a las dos alternativas laborales que había imaginado a los doce años; al contrario, parece encontrar la manera de unir ambos polos. Su filosofía, que está cosida con doble hilo al tejido de la vida y que emana de esta, no deja de lado la parodia, el escondimiento de los cuerpos y el teatro, de tal manera que incluso llegan a tener un papel importante en el cuestionamiento de lo existente y en lo relacionado con su transformación; este afán transformador, que se vuelve también (sobre todo) actividad política, estará cada vez más presente en sus escritos.

Por un lado, es cierto que con el paso del tiempo Butler aceptará —a regañadientes— la posibilidad de que la teoría filosófica pueda quedar a veces desligada de la vida y, como tal, pueda incluso no aliviar las dificultades vitales o marcar el camino a seguir. Con todo, en su reflexión, la relación de la filosofía con los dilemas existenciales y políticos será siempre muy estrecha, casi imposible de evitar.

Habrá tiempo para profundizar en cómo, partiendo del propio sufrimiento y del de las personas cercanas, Butler llega a ampliar progresivamente el punto de vista y a indagar las diferentes condiciones en las que son posibles y vivibles las vidas. Para ella, por lo demás, las reivindicaciones políticas (y sirve también para las batallas de carácter teórico) se llevan a cabo por razones más importantes que nosotros mismos [*Undoing Gender,* 16].

Volvamos ahora a la imagen que nos presenta a Butler refugiada en el sótano de la casa de Cleveland: los libros de filosofía de Spinoza, Schopenhauer y Kierkegaard suponen un refugio para una adolescente inquieta, hosca, abatida, que intenta escapar de una situación familiar dolorosa y que no consigue encontrar sosiego en la música. La joven Butler de catorce años se ha encerrado con llave en el sótano, fuma angustiada mientras intenta comprender algo más acerca de su naturaleza y sobre la razón de ser de sus intenciones. El de Spinoza, en concreto, es el primer libro en el que se centra, al que sus ojos dirigen la mirada entre el humo del tabaco y el olor a cerrado.

Spinoza es, pues, el filósofo que suscita en Butler el deseo de leer filosofía. Su pensamiento parece ofrecerle una esperanza, pues indica una forma de vitalismo que persiste incluso en la desesperación de quien quisiera vivir en un mundo en el que se reconozca el valor de la propia vida y de la ajena. En verdad, lo que promueve el interés de Butler por el filósofo judío excomulgado por la sinagoga (punto sobre el que Butler, que evidentemente nunca se echó atrás a la hora de hacer preguntas incómodas, pide con insistencia aclaraciones al rabino de la sinagoga a la que asiste) fue la atención que dedicó Spinoza, uno de los primeros en hacerlo, a un aspecto destinado a ser fundamental en las reflexiones butlerianas. Como reconoce en algunas páginas de la época más madura de su itinerario biográfico e intelectual, Judith se entrega a Spinoza porque ve en él al primer filósofo que, dedicado a estudiar el deseo de vivir, pone las bases para la construcción de las teorías del reconocimiento y se concentra en el interés del ser humano por perseverar en su propio ser sobre la base del principio de autoconservación [*Giving an Account of Oneself,* 44].

Se trata de aspectos que son fundamentales para Butler, como se ve de manera evidente si se observa su intensa producción literaria. Es fácil, de hecho, descubrir que en sus reflexiones aparece constantemente la pregunta relativa a la posibilidad de vivir incluso aunque se desee hacerlo «de una determinada manera», no de acuerdo con las normas, indecible, «forcluido». Butler adopta esta expresión de la psicología lacaniana para designar el luto por lo que nunca se ha vivido realmente, como los afectos y los argumentos homosexuales, hechos imposibles e invivibles por el orden social heteronormativo [Bernini y Andreani 2009:140]. Precisamente, de la cuestión relativa al deseo negado emana la crítica a lo heteronormativo, que encierra *in nuce* la posibilidad del deseo como objeto. Profundizaremos en este aspecto e intentaremos explicarlo más detalladamente cuando estudiemos la controvertida posición de Butler en las cuestiones de género.

Volvamos a la imagen que hemos evocado antes, la de la adolescente desesperada que se ve en el sótano con la única compañía de los libros. La imagen nos permite, de hecho, entender más detalles de Butler como persona, además de sobre su forma de filosofar. Es difícil resistir la tentación de analizar, al menos en parte, la compleja situación familiar y la angustia existencial típicas de la adolescencia, que la filósofa evoca cuando narra el episodio al final de *Undoing Gender,* y relacionarlas con el periodo del descubrimiento de su homosexualidad. Se trata, además, de un descubrimiento que a los dieciséis años la llevará a un «tempestuoso *coming out*», como cuenta en otro de sus textos de culto, *Gender Trouble* [p. XIX].

En su condición de judía que vive en una familia que desea constantemente ser aceptada por la sociedad americana tras alinearse con los estándares de dicha sociedad, y que entrevé en las normas de género tal posibilidad, Judith se da cuenta de que no es como se le exige que sea, por lo que no puede sino sufrir. No obstante, son los años de asentamiento del movimiento de liberación homosexual moderno —los disturbios de Stonewall tienen lugar la noche del 27 al 28 de junio de 1969, fecha que se convertirá en simbólica para lo que hoy es el movimiento LGBTQ+—, por lo que Butler vive en un contexto en el que aún no existe un movimiento propiamente dicho en defensa de los derechos de las personas homosexuales, no existe una comunidad gay o lesbiana, ni mucho menos parece que los medios de información locales dediquen atención a la cuestión.

Del relato que Butler hace de aquellos años se percibe, en definitiva, la enorme distancia que la separaba de la profunda transformación social y política que se estaba produciendo en Estados Unidos. Como queda patente, se trata de una transformación también en el plano artístico y cultural, con un movimiento *underground* que empieza a tener una gran visibilidad. Basta con recordar el primer disco de The Velvet Underground & Nico, fechado el 12 de marzo de 1967, y la funda firmada por Andy Warhol con el alusivo plátano. La dureza de las letras de las canciones y las explícitas referencias con las que fueron afrontados algunos temas parecen expresión de una difundida necesidad de cambio, y son un claro ejemplo de contaminación entre los géneros. Subversión del orden establecido, tematización de la sexualidad, poder de la imagen, fluidez y mezcla de lenguajes, son temas que, al poco, tendrán una importancia fundamental también en las reflexiones de Butler.

Sin embargo, como hemos visto, durante la adolescencia Judith parece vivir en otro contexto muy diferente que provoca en ella una sensación de profundo aislamiento. Al recordar aquellos años, afirma que hasta el momento del «descubrimiento» ni siquiera se preguntó si era homosexual o heterosexual. Es más, llegó incluso a eliminar de su vocabulario la palaba «homosexual», que para ella —como para muchas otras personas entonces— era únicamente un término médico con connotaciones patológicas, una especie de enfermedad. Mucho menos se detuvo en la posibilidad de reconocerse lesbiana, otra palabra que evocaba una imagen terrible y con la que Judith no quería ser asociada de ninguna manera. Además, a los catorce años no conocía a ninguna chica lesbiana. Quizá pudiera tener como referencia a la poetisa Safo, que había leído en la escuela, una figura demasiado lejana para poder aprender algo de una realidad tan misteriosa y con connotaciones que a Butler le parecían inquietantes.

Por eso, Butler se asusta cuando su orientación sexual se le hace más clara. El momento es triste y angustioso, la palabra «homosexual» le da miedo. Antes no se había «pensado» de esta manera, y ahora no comprende exactamente qué puede significar tal palabra; si la define como persona o, más bien, si es el nombre con el que se definen sus sensaciones o sus pasiones. Además, hay otro elemento que la angustia, quizá el más importante: el del estigma social. ¿Cómo condicionará su destino la «marca» de la homosexualidad? ¿Se trata quizá de una condena inevitable a la exclusión social? ¿Qué debe hacer al respecto? [Zadjermann 2006]. Si estos son los grandes interrogantes que atormentan a la Butler adolescente, se esclarece aún más el porqué de la atracción que le suscita un pensador como Spinoza, que toma como fundamental el deseo de vivir y pone las bases para una teoría del reconocimiento en la que cada cual pueda perseverar en su propio ser.

En definitiva, la Butler adolescente parece no encontrar su sitio, una sensación que no la abandonará con el paso del tiempo. En 2006, en el *film profile* de Paule Zadjermann, insistió en que no lo había encontrado: «*I've never found the place*».

Por lo demás, el sitio de la adolescente Judith no parece tampoco la escuela judía. Asiste en ella a clases centradas en los dilemas éticos que preocupan directamente al colectivo hebreo y que a menudo se detienen en los campos de exterminio. Como hemos visto, se trata de una experiencia que Judith vivió muy de cerca, no solo porque tenía raíces judías, sino también porque algunos miembros de su familia fueron víctimas del Holocausto. Como tal, esta experiencia la marca profundamente, pero no es suficiente para aplacar la insatisfacción que le provoca el ambiente escolar, en el que es evidente que no encuentra las respuestas que busca. La consideran no especialmente brillante, demasiado locuaz y descarada, por lo que tiene problemas de disciplina.

A los once años, el director de la escuela pide hablar con la madre, a quien le anuncia un futuro de delincuente para la hija. Por culpa de su carácter inquieto, Judith se ve obligada a asistir a clases particulares con el rabino de la sinagoga. En realidad, no se trata de un castigo en toda regla: ella lo adora, tanto que a veces abandona la escuela para asistir a los sermones. El presunto castigo se convierte en la oportunidad para hacerle al rabino una serie de preguntas, que van desde las razones por las que se excomulgó a Spinoza hasta la relación entre la filosofía alemana y el ascenso del nazismo, pasando por la teología existencial.

Más allá de la especificidad de los temas que preocupan a Butler y que desvelan una curiosidad y una profundidad poco comunes en una adolescente, el aspecto relevante de este segundo sendero es la dimensión colectiva de la reflexión ética, a la que empieza a prestar una atención especial, y que la lleva a encontrarse con la filosofía y convertirla en su profesión. Tras licenciarse en Filosofía en Yale en 1978 y doctorarse, en la misma universidad, en 1984 con una tesis sobre Hegel, Butler dará clases primero en la Universidad George Washington y en la John Hopkins después, para acabar en Berkeley en 1993, donde aún es profesora y dirige el programa de teoría crítica.

II. Un espacio necesariamente impuro

Además de dirigir el programa de teoría crítica en la Universidad de Berkeley, Judith Butler es, sobre todo, una de las más importantes pensadoras de esta escuela. Por regla general, la «teoría crítica» suele identificarse con la Escuela de Frankfurt, nacida en los años veinte del siglo XX a manos de un grupo de intelectuales neomarxistas, miembros del Institut für Sozialforschung (Instituto de Investigación Social) o, en todo caso, influidos por las investigaciones llevadas a cabo en aquel contexto.

Al ser muchos de ellos de origen judío (otro elemento de conexión con Butler), con la llegada del nacionalsocialismo, los filósofos, sociólogos y psicoanalistas alemanes que formaban el núcleo original de la Escuela dejaron Alemania y se instalaron en Nueva York, donde continuaron la actividad intelectual. Probablemente, la estancia en esta ciudad es una de las principales razones de la gran difusión de la teoría crítica en el contexto americano. Entre las figuras destacadas de la Escuela se cuentan Erich Fromm, Max Horkheimer, Herbert Marcuse y, más recientemente, Jürgen Habermas y Axel Honneth. Formaba parte también Theodor W. Adorno, figura intelectual que en la biografía de Butler tiene un significado especial, en cuanto el premio que lleva su nombre la hará protagonista involuntaria de un desafortunado incidente ocurrido en 2012.

Filosóficamente, la Escuela de Frankfurt se propone estudiar las contradicciones de la vida colectiva y las formas de opresión existentes. Denuncia las que identifica como «patologías sociales» analizando con un método multidisciplinario las relaciones entre economía (entendida como relaciones sociales de producción), psicología y cultura dentro de la sociedad: no es infrecuente que, al lado de referencias a Karl Marx o a Georg W. Hegel, se cite a Sigmund Freud o a Max Weber.

En un principio, en la teoría crítica, el género no tiene cabida. En el contexto estadounidense, esta variable alcanzará importancia solo a partir de los años setenta, tras la presión ejercida por las mujeres que entrarán a formar parte poco a poco de la *New Left,* y que empezarán a considerar prioritario el reconocimiento de los derechos y las garantías de la libertad de las mujeres. Todo esto no sin cierta desconfianza y hostilidad por parte de los hombres del movimiento, que basándose en los orígenes de la política marxista intentan en un primer instante relativizar la importancia de este asunto. El clima del momento lo explica Nancy Fraser (una de las exponentes más conocidas de la *New Left*), con quien Butler empieza a dialogar profundamente sobre la opresión que sufren las minorías sexuales y de género [Fraser y Nicholson 1989].

El famoso intercambio de ideas entre las dos, que se remonta a finales de los años noventa, se publica inicialmente en las páginas de la *New Left Review,* antes de ser recogido en un volumen en el que Fraser replica a quienes la critican [Olson 2008]. El enfrentamiento se centra en la cuestión económica. Según Butler, Fraser opina que las minorías sexuales y de género son víctimas de una injusticia de tipo cultural, es decir, una falta de reconocimiento que lleva a considerarlas una «sexualidad despreciada».

Por el contrario, la filósofa de Berkeley sostiene que es imposible considerar «meramente cultural» este tipo de opresión: las personas homosexuales experimentan cotidianamente injusticias que son, al mismo tiempo, culturales y económicas. ¿Qué se puede decir de la denegación de los subsidios estatales destinados a las familias heterosexuales o del escaso reconocimiento en el ámbito de las tutelas legales?

¿Por qué un movimiento comprometido con criticar y transformar la manera en la que se regula la sexualidad en el plano social no debería ser considerado fundamental para el funcionamiento de la economía política? Para Butler, en resumen, todo depende de la regulación heteronormativa de la sexualidad, que constituye la piedra angular del funcionamiento de la economía política. Como el heterosexismo es una parte fundamental de la estructura económica, no solo es ilegítimo, sino que (desde un punto de visto económico) es incluso contraproducente separar la mala redistribución de la falta de reconocimiento, porque la economía y la cultura están inextricablemente interconectadas; así, como la opresión basada en el género y en la «raza», también la de las minorías sexuales es para Butler, al mismo tiempo, económica «y» cultural [«Merely Cultural»].

Se trate o no de un malentendido, Fraser replicará de manera puntual a la filósofa de Berkeley. El intercambio servirá para precisar mejor (¿o incluso para revisar?) sus planteamientos iniciales. Partiendo del supuesto de que las injusticias por falta de reconocimiento son de naturaleza tan material como las de mala redistribución, reconocerá de hecho que las llamadas minorías sexuales están expuestas a ambas formas de injusticia. No obstante, seguirá creyendo que, desde el punto de vista heurístico y de la intervención social, conviene mantener un punto de vista interpretativo doble [Fraser 1997].

De este modo, el contraste de pareceres entre Fraser y Butler nos permite entrever las razones del desacuerdo, pero también los puntos de encuentro. Las dos filósofas comparten buena parte de los referentes teóricos, comenzando por los de la crítica marxista y postmarxista; comparten incluso el compromiso con lo que Fraser llamó «justicia social». Lo reseñado hasta aquí nos permite comprender algo más de las posiciones teóricas de Butler. Aunque la teoría crítica contemporánea no puede identificarse completamente con la Escuela de Frankfurt, al leer los textos de Butler se aprecia de manera evidente el influjo del citado instituto alemán, que se hace patente tanto en el objetivo de la teoría, es decir, «hacer pensar», como en los principales referentes teóricos. En sus escritos, especialmente en los más importantes, la filósofa de Berkeley dedica abundantes páginas a la discusión crítica de las tesis de Hegel y de Freud, sin dejar de lado las conexiones con Marx, cuyo punto de vista aparece de forma velada también en las tesis sobre la opresión de las minorías sexuales y de género.

Hegel, en concreto, constituye un punto de referencia constante en el recorrido filosófico de Butler, como si la filósofa no pudiera liberarse de aquel o como si sintiera la necesidad de volver a enfrentarse dialécticamente con sus ideas. La influencia del filósofo alemán, pues, puede considerarse un *fil rouge* de su producción filosófica: del rechazo del binarismo sexual a la tematización de la posibilidad de una ética no violenta, Hegel es una constante. Por lo demás, su presencia se aprecia ya en el modo en que Butler construye la noción de sujeto en la tesis doctoral que publica en 1984, *Subjects of Desires:* el de la filósofa es un sujeto «dislocado» que tiene relación siempre con «alguien» de quien tiene necesidad, precisamente a efectos del reconocimiento [Kirby 2006]. Más adelante, Butler observará que en sus trabajos hay siempre un núcleo de cuestiones hegelianas que la hacen, como a ella le gusta definirse, «perversamente hegeliana».

Puede considerarse también hegeliana incluso la importancia dada al deseo y al reconocimiento, además de al deseo de reconocimiento. Para Butler, únicamente el espacio del reconocimiento permite el auténtico encuentro entre los sujetos. Hegel, en definitiva, es el filósofo que más que ningún otro le permite hacer de la búsqueda del sentido que empezó en la adolescencia con Spinoza (cuyo pensamiento en cualquier caso no dejará de ejercer sobre ella una influencia relevante) su verdadera profesión.

Judith Butler «encuentra» a Hegel por primera vez en la universidad, tras volver de Alemania, donde estudió el idealismo alemán. En Yale empieza a leer también a Foucault y entra en contacto con los estudios homosexuales, entonces en los albores. Junto con su activismo en el frente de la política universitaria, estos descubrimientos hacen que se plantee una serie de cuestiones sobre la relación entra la filosofía y la política, que la llevan a preguntarse si es posible intentar una aproximación filosófica a la cuestión de género. Al mismo tiempo, está cada vez más convencida de que una reflexión política sobre la subordinación y sobre la exclusión no puede no adoptar como fundamental el tema de la alteridad, a partir del ejemplo de lo que había hecho, en concreto, Simone de Beauvoir, otra referencia central de su formación. Butler, por lo demás, tiene la sensación de encontrarse precisamente dentro de la expresión «otro», que se propone estudiar [*Undoing Gender*, 240].

El «otro» al que se refiere es doble, cuando menos: en primer lugar, es ella misma, pero es también una especial perspectiva teórica que durante mucho tiempo parecía quedarse fuera de los límites establecidos por la filosofía verdadera y, como tal, durante mucho tiempo no había sido cumplidamente institucionalizada. Se trata de la perspectiva que rechaza la contraposición entre una verdadera y una falsa filosofía y, así, la identificación de cuestiones de las que la filosofía debería ocuparse, así como de la especial retórica que debería acompañar al texto. Es la filosofía que acaba por «abrazar cuestiones tocantes a la política cultural o contemporánea y la justicia cuando emerge en los movimientos sociales locales o globales» lo que favorecería que la filosofía tradicional pudiera traspasar sus propios límites [*ibidem,* 245]. Por lo demás, hemos anticipado que la de Butler es una incesante confrontación teorética con lo existente y sus transformaciones.

Butler, pues, ocupa el «nuevo espacio» de una teoría —que a principios de los años noventa podría verse todavía como emergente y hoy es una realidad, sin duda, más sólida— que ha cambiado de forma gracias a su relación con los estudios culturales. Se trata de un espacio que ella define «necesariamente impuro» en cuyo interior emprende un incesante trabajo de «traducción cultural», es decir, de encuentro entre concepciones filosóficas diferentes con la intención de derribar las rígidas barreras que durante mucho tiempo han connotado la teoría [*Gender Trouble,* xix].

Partiendo de la perspectiva sincrética, de origen estadounidense y conocida como *French Theory* —en la que también hunde las raíces la obra con la que se hizo famosa en 1990, *Gender Trouble,* donde relaciona a intelectuales que, por regla general, no se consideran cercanos, como Lévi-Strauss y Foucault—, Butler reelabora las categorías y las disloca para comprender el mundo en el que vivimos y transformarlo, actuando directamente sobre las opresiones y las desigualdades.

En resumen, el punto crítico de su pensamiento es, sobre todo, la atención a las relaciones de dominio que existen en la sociedad y las injusticias que de estas se derivan. La crítica «equivale a interrogarse acerca de los límites dentro de los cuales la vida se ve obligada a hipotetizar diferentes maneras de vivir. No para celebrar las diferencias como fines en sí mismas, sino para establecer condiciones que protejan y sostengan de manera más inclusiva las vidas que rechazan la asimilación» [*Undoing Gender,* 4]. Se trata, pues, de una filosofía política enfocada en el poder de la posición del sujeto dominado y oprimido, que advierte lo intolerable de dicho poder. Por esta razón, la alianza entre teoría y política, central tanto en su vida como en su pensamiento, parece el único camino posible para poder llevar a cabo una transformación social en la que cada cual sea reconocido y le sean garantizadas las condiciones de vida y los derechos adecuados en nombre de una igualdad radical. Con el paso del tiempo, Butler entenderá la igualdad radical en términos cada vez más amplios, partiendo de las relaciones familiares hasta expandir poco a poco las reflexiones y alcanzar una perspectiva global a la luz de la común interdependencia humana.

La inevitable referencia a la «concreción sustancial de la existencia» [Guaraldo 2009:12] que supone la adopción de una perspectiva como esta, y que constituye precisamente una constante de su reflexión teórica, encuentra un anclaje seguro en la filosofía feminista, con quien Butler había comenzado a tratar en su etapa universitaria con la lectura, en concreto, de Simone de Beauvoir, a quien dedica algunos de sus primeros trabajos, ya en los años ochenta: «Sex and Gender in Simone de Beauvoir's Second Sex» y «Variations on Sex and Gender: Beauvoir, Wittig, and Foucault», ambos artículos publicados en 1986.

Simone de Beauvoir siguió siendo una importante interlocutora incluso después del periodo universitario; lo fue, primero, cuando Butler se centró en el análisis de las normas de género que parte de la crítica de un sector de la teoría feminista para indagar los modos mediante los cuales la heterosexualidad obligatoria excluye a las minorías sexuales y de género; y también lo fue en lo relacionado con cuestiones fundamentales de carácter ético, empezando por las que giran alrededor de la «relacionalidad», la vulnerabilidad y la violencia [Durmuş 2022].

La referencia al feminismo nos es útil para aclarar otro punto de la posición teórica y política de Butler, a veces objeto de malentendidos. Aunque es conocida por ser una de las mayores autoridades de la teoría *queer,* la crítica que hace de algunos puntos que connotan un «cierto tipo» de feminismo —entre ellos el esencialismo, la complementariedad de los géneros, el binarismo de género y la heterosexualidad normativa— puede crear la legítima sospecha de que no se trate verdaderamente de una teórica del feminismo. De hecho, hay quien la adscribe al post-feminismo [Osborne y Segal 1994]. Sin embargo, aceptar esta conclusión significaría rodear de malentendidos este aspecto de las teorías de Butler, además de buena parte de los contenidos, como veremos.

Butler, de hecho, está muy lejos de renegar de la importancia del feminismo en su proyecto teórico, que podríamos resumir en el intento de crear condiciones que permitan vivir como corresponde al mayor número posible de personas garantizando idéntico sistema a todos los individuos en cuanto seres humanos. No es casualidad que ella no deje de declararse feminista, ni de insistir en la importancia de dicha teoría, que contiene importantes recursos conceptuales y políticos que la convierten en una magnífica aliada para la lucha cotidiana de otras minorías, además de las sexuales y de género. Con Butler, en definitiva, no se verifica que el proyecto feminista se haya agotado y que la «muerte» del feminismo sea prácticamente inevitable. Del mismo modo, no se hace evidente de ninguna manera el alejamiento del feminismo en favor de alianzas más o menos declaradas con el capitalismo o con el neoliberalismo según trayectorias que pueden remitir a un término tan complejo como postfeminismo, pero que la filósofa de Berkeley rechaza con convicción y con una incesante crítica a los paradigmas neoliberales [Casalini 2018:8-9].

Por el contrario, Butler reconoce la capacidad transformadora del feminismo. Con ella, el feminismo amplía sus objetivos, mira más allá de las mujeres según una tendencia que no le era ajena. Por ejemplo, la protofeminista Olympe de Gouges, siglos atrás, en sus obras teatrales había hecho duras críticas al esclavismo y al colonialismo, y el elenco de las feministas que han compartido esta sensibilidad es realmente muy grande.

Sin embargo, es cierto que hasta la llegada de la filosofía y del movimiento gay y —sobre todo— lésbico, en el que se inspira Butler, la amplitud de miras del feminismo no alcanzó a las minorías sexuales y de género salvo en contadas ocasiones. Las figuras de la alteridad a la que hace referencia la filósofa, de las personas transgénero a las transexuales, de las personas lesbianas a las gais, pueden considerarse «encarnaciones de un deseo al que el feminismo radical fue el primero en dar voz» [Guaraldo 2014:22].

44

Por esta razón, es posible afirmar que el cambio de perspectiva que Butler ayuda a dar al feminismo se percibe, en primer lugar, en relación con las subjetividades excluidas del paradigma heterosexual. Si no puede prescindir de la subjetividad de las mujeres, la reflexión sobre el género y sobre la sexualidad —ejes analíticos y de opresión inescindibles entre ellos— debe necesariamente abrirse a «otras» subjetividades, renovar la teoría y ofrecer, al mismo tiempo, la posibilidad de un diálogo y de una alianza en el plano político. Por lo demás, el objetivo de todos los oprimidos por el paradigma heterosexual es el mismo: conseguir la visibilidad de su subjetividad política y, antes, la predisposición de las condiciones que garanticen que la propia existencia sea vivible.

De este modo, la reflexión de Butler acaba por alcanzar no solo «otros» sujetos, sino también «otros» temas además del género. Muy pronto, a la urgencia de estudiar la violencia de las normas de género, expuestas desde el comienzo en un texto complejo y bastante oscuro —*Gender Trouble,* el polémico manifiesto *queer*—, pero presente también en textos posteriores, se une la necesidad de explorar otros ámbitos donde la dimensión colectiva es igualmente fundamental. Muestra de ello son, concretamente, las intensas páginas que Butler dedica a los atentados terroristas y a la legitimidad de la guerra preventiva, así como las concernientes a la cuestión palestino-israelí, las manifestaciones masivas y su potencial político, la no-violencia, el movimiento Black Lives Matter, la guerra ruso-ucraniana o las diferentes clases de desigualdad exacerbadas por culpa de la pandemia.

Se trata de reflexiones aparentemente muy diferentes entre ellas, pero que Butler consigue tejer dentro de la misma trama utilizando múltiples hilos: el reconocimiento, la materialidad de los cuerpos, la violencia, el lenguaje, el poder, la opresión, la dignidad diferencial del luto, la igualdad, la vulnerabilidad en la doble acepción de *precariousness* y *precarity,* sobre las que volveremos más adelante.

A partir de estas palabras clave, su filosofía se convierte también en compromiso político. Por lo demás, quien se ocupa de la teoría crítica está lejísimos de defender la neutralidad de su saber, pero reivindica su posición en relación con las luchas políticas e incluso «en» las luchas políticas. Se trata de la figura del intelectual militante, y Butler no es la excepción a la regla. A decir verdad, además de ser una de las voces más influyentes del panorama intelectual contemporáneo, es una de las políticamente más activas, como demuestran su participación en numerosas campañas en defensa de los derechos civiles y humanos, y que «tome la palabra» en las principales cuestiones que animan los debates políticos contemporáneos.

Como se puede intuir, la militancia política de Butler se ha centrado en primer lugar en la tutela de los derechos de las minorías sexuales y de género. Además de haber ocupado puestos importantes en el comité de la International Gay and Lesbian Human Rights Commission de San Francisco, no ha dejado de hacerse oír acerca de muchas cuestiones políticamente relevantes, desde el matrimonio homosexual hasta las temáticas relacionadas con la procreación.

Más recientemente, Butler ha hecho pública su posición respecto al sector del feminismo que critica el concepto de género y la idea de que las mujeres trans sean mujeres como las demás, el llamado «feminismo trans-excluyente» o TERF según las siglas de la denominación en inglés *(trans-exclusionary radical feminism),* una expresión considerada ofensiva y rechazada por las feministas en cuestión, que sostienen que no excluyen ni discriminan de ninguna manera a las personas trans.

La crítica de Butler se inserta en una visión más amplia del género, en virtud de la cual la filósofa advierte del peligro de los movimientos y de la ideología anti-género, a la que reprocha el carácter absolutista *(Why Is the Idea of «Gender» Provoking Backlash the World Over?).* Si «la ideología anti-género es una de las cepas dominantes en el fascismo de nuestros días» [Gleeson 2021], oponerse a sus pretensiones de homologación es, para Butler, una responsabilidad común. Sirve esto incluso si la pretensión de homologación proviene de un «movimiento marginal que busca hablar en nombre del *mainstream*», como sucede precisamente con el sector del *trans-exclusionary radical feminism* [Ferber 2020]. Pese a tratarse de una minoría dentro del movimiento feminista, tienen una gran influencia que debe ser contrarrestada (según Butler) porque el feminismo TERF sostiene tesis que pueden resultar en transfobia, como la exclusión de las mujeres trans de los espacios femeninos o la oposición a las leyes sobre los derechos de las personas transgénero. En 2021, *The Guardian* censuró unas afirmaciones en las que Butler confirmaba sus ideas sobre este tema; el periódico no se limitó a eliminar la referencia al movimiento TERF, sino que modificó algunos pasajes del texto por considerarlos demasiado fuertes [Gleeson 2021].

Si bien la cuestión provocó una oleada de indignación general, no deja de ser cierto que Butler está acostumbrada a la polémica y a soportar intentos de censura. Al respecto, es conocido un episodio de 2017, en Brasil, donde hace tiempo que se expande una actitud profundamente hostil hacia la «ideología de género», considerada un producto de importación cultural especialmente peligroso. Este es el ambiente en que se desarrolló el discurso de toma de posesión de Jair Bolsonaro en 2019, cuando afirma su compromiso para erradicar la ideología de género de las escuelas y jura enfrentarse a la «sumisión ideológica» que conlleva [*What Threat?*, 4-5].

En 2017, Butler está en Brasil para participar en una conferencia sobre el final de la democracia. Aprovechando la ocasión, algunos activistas de las asociaciones *no gender* del país, que habían pedido que se cancelara la intervención de la filósofa, protestan contra la presencia de Butler en São Paulo. Los activistas la consideran la fundadora de la «ideología de género», una ideología «diabólica» en tanto ataca la familia tradicional y que, por tanto, debe ser rechazada y acallada. Las protestas se recrudecen con la llegada de Butler a la ciudad, cuando un centenar de manifestantes se apostan fuera del edificio donde se celebra la conferencia y queman una bruja con la efigie de Butler mientras cantan *«Burn the Witch»*, en una clara alusión a las prácticas utilizadas siglos atrás por la Santa Inquisición. Las protestas continúan, por último, en el aeropuerto de São Paulo, de donde Butler parte con su esposa, Wendy Brown, una vez acabada la convención. En esta ocasión, los contrarios invitan vivamente a Butler a irse: que diga qué lugar prefiere, su casa (donde le recuerdan que

Trump se encargará de ella) o el infierno, del que parece haber salido, visto que se trata de una bruja.

Pues bien, lejos de poder considerarse una anécdota llamativa, el episodio aclara mucho el alcance del pensamiento de Butler. De hecho, incluso si las tesis sobre la performatividad del género no convencen mínimamente a sus detractores, la violencia simbólica de las manifestaciones es un índice claro de la fuerza de sus ideas, así como de su impacto público, que va mucho más allá de las fronteras de Estados Unidos. A partir de los sucesos brasileños, François Soyer, historiador de la Edad Media en la Universidad de Southampton, ha insistido mucho en la extraordinaria relevancia que tienen las tesis de Butler y se preguntó, en un tuit de apoyo a la intelectual americana: «¿Cómo sabes si tu investigación tiene impacto? Cuando una multitud con biblias y crucifijos en la mano quema tu efigie en una hoguera a las puertas de tu seminario».

Butler no deja de dar su opinión acerca de lo sucedido y lo recuerda siempre en las entrevistas. En una de estas, concedida a Scott Jaschik en noviembre de 2017, aprovecha el hilo de la aguda ironía que había animado el tuit de Soyer y observa que en la protesta de Brasil estaba curiosamente presente el *gender trouble* que da título al libro tenido como estandarte de la «ideología» de género, un texto que, a su juicio, los manifestantes demuestran no haber leído realmente, y mucho menos comprendido [Jaschik 2017].

Pero ¿cuál sería el elemento revelador del *gender trouble* de los manifestantes? Según Butler, la modalidad elegida para la protesta: quemar en la hoguera la efigie de la filósofa, que no incluía solo el sombrero de bruja, sino también un sujetador de color rosa chillón. Ahora bien, si el significado del sombrero está claro, probablemente los manifestantes pretendían que el sujetador fuese el símbolo de la vida gay o, quizá, trans. Esta es la circunstancia que provoca en Butler un cierto irónico desconcierto: «No estoy segura de que hayan reflexionado sobre qué significa acusarme de ser tanto bruja como trans. Si fuese trans, entonces sería presumiblemente un hombre, pero si soy una bruja soy presumiblemente una mujer. Me parece que ellos también tienen algunos problemas con el género» *[ibidem]*.

Del mismo modo que, con el paso del tiempo, la reflexión teórica la ha llevado a estudiar más allá del género, su compromiso político no se ha centrado únicamente en el movimiento por los derechos de las minorías sexuales y de género. Judith Butler se declaró contraria a las guerras en Irak y en Afganistán, condenó los abusos a los que estuvieron sometidos los detenidos en Guantánamo y, en libros como

Precarious Life, dedicó intensas y lúcidas páginas al análisis de las modalidades espectaculares con las cuales el poder humilla al enemigo.

En 2011 participó en Occupy Wall Street, un movimiento pacífico de protesta contra los abusos del capitalismo financiero. Desde las filas del movimiento ha negado públicamente que la igualdad social y la igualdad económica puedan ser consideradas pretensiones imposibles de satisfacer. Más recientemente, ha apoyado el Black Lives Matter, movimiento de protesta contra la violencia y el racismo sistémico.

Por último, es conocida la posición política de Butler en el conflicto palestino-israelí; en 2005 decidió apoyar Boycott, Divestment and Sanctions (BDS), la campaña global de boicot y sanciones a Israel y de desinversiones en el país; aunque no se tratara de una verdadera adhesión a la campaña, Butler no desaprovechó la ocasión para condenar firmemente el comportamiento israelí. Mantendrá la misma posición más tarde, tanto que se la acusará más de una vez de antisemitismo, y hasta de ser una judía que se odia a sí misma [Landes 2012].

Estos posicionamientos dieron lugar al conocido *affaire* Adorno. Se trata de un episodio acaecido en Frankfurt con ocasión de la entrega del homónimo y prestigioso premio el 11 de septiembre de 2012, día en que se celebra el nacimiento del intelectual alemán.

El premio Adorno, concedido por primera vez en 1977, se entrega cada tres años a las excelencias en el ámbito de la tradición intelectual de lo que, en un sentido amplio, se puede llamar teoría crítica. Entre los ilustres estudiosos galardonados están Jürgen Habermas, Zygmunt Bauman, Jean-Luc Godard y Jacques Derrida.

Judith Butler fue la primera mujer a la que se le concedió tal reconocimiento; vinieron después la historiadora del arte Georges Didi-Huberman (2015) y la directora de cine Margarethe von Trotta (2018). En 2012, el clima que reina antes de la entrega del premio es evidentemente violento: a diferencia de en otros actos análogos, Butler es criticada muy duramente. Y no, como podría imaginarse, por sus ideas sobre el género. El embajador de Israel en Alemania, el Consejo Central Judío, el director del Centro Wiesenthal de Jerusalén y otras organizaciones se declaran contrarios a que le sea concedido el premio a la estadounidense por razón de sus ideas críticas con el sionismo y por el apoyo dado a Boycott, Divestment and Sanctions.

El debate sobre el asunto está muy circunstanciado: las razones que argumentan los opositores son varias y ayudan a alimentar un clima de decidida hostilidad contra Butler. Los críticos dicen que el premio Adorno, que lleva el nombre de un escritor perseguido por ser judío, no puede ser concedido a una filósofa antisemita. Además, los críticos afirman que concederle el premio a Butler creará un incidente diplomático, en tanto la ciudad de Frankfurt acabaría por compartir con aquella la responsabilidad por su «comportamiento inmoral», legitimaría una verdadera campaña de odio contra Israel y boicotearía las instituciones académicas y culturales de una ciudad con la que está hermanada, Tel Aviv. De hecho, se acusa a Butler de estar de acuerdo con Hamás y Hezbolá, que ella define —en esto se basa la acusación— como movimientos sociales progresistas que forman parte de una izquierda global, tal y como hizo en una reunión celebrada en Berkeley en 2006.

La ceremonia del premio se celebra igualmente. Butler decide no replicar a quienes la acusan. En cambio, citando a Adorno, que en *Minima moralia* había afirmado que «no hay vida verdadera en la falsa», propone una cuestión fundamental en su pensamiento, destinada a reaparecer en el itinerario que aquí nos interesa: se pregunta cómo es posible vivir una vida buena en un mundo en que tal posibilidad se le niega estructuralmente a muchas personas [«Can One Lead a Good Life in a Bad Life?»].

En los días siguientes, sin embargo, decide responder a un artículo de *The Jerusalem Post* en el que se reunían todas las acusaciones que hemos mencionado, y contesta de manera puntual a la narración performativa que, mediante el lenguaje y las palabras, ha creado la realidad de una Butler filoterrorista. Ante todo, confirma sus ideas: las de una judía que no quiere ser representada por el Estado de Israel. Luego, recuerda su compromiso activo en favor de la paz entre palestinos e israelíes y presenta una contra-narración: rechaza las acusaciones de antisemitismo, «manifiestamente falsas», y denuncia la descontextualización y la «brutal distorsión» del discurso pronunciado en el *Anti-War teach-in* en Berkeley en 2006. Aclara, de hecho, cómo en aquella ocasión no quiso compartir de ningún modo una forma de actividad política basada en la violencia, que rechaza en todas sus formas, también en la institucional o interpersonal. Por lo demás, su compromiso teórico y político a favor de una ética no violenta parece difícilmente compatible con la acusación recibida [«Judith Butler Responds to Attack»]. Como prueba de su posición en este punto, cabe pensar en las palabras de Butler sobre la violencia de Hamás en Israel a principios de octubre de 2023: la suya es una condena «sin reservas» e «inequívoca» que, aunque se realice en el marco de una reflexión más articulada sobre la violencia, no deja lugar a ninguna justificación moral o política de lo sucedido [«The Compass of Mourning»].

Con este turbulento episodio se aprecia cómo la fama que precede a Butler, es decir, la de una intelectual muy criticada y la de una figura controvertida en el panorama filosófico y político contemporáneo, es totalmente merecida. El suyo es indudablemente un ideario rompedor que provoca y causa estupor, pese a los tonos pacatos de la argumentación [Adamo 2009:3]. Por estas razones, se trata de un ideario con el que resulta difícil no confrontar. En las páginas que siguen intentaremos analizar algunas de las parcelas de su complejo itinerario intelectual, con una advertencia: la aproximación que haremos será parcial, inevitablemente parcial. Se trata de una parcialidad debida, en primer lugar, a la vivacidad intelectual de Butler, además de a la pluralidad y complejidad de los temas en los que ella profundiza, que se relacionan constantemente unos con otros según inferencias siempre nuevas.

Pero la parcialidad del análisis que haremos debe adscribirse también a otro aspecto: cualquier intento de presentar de manera orgánica y coherente el pensamiento de Butler está destinado al fracaso porque su modo de hacer filosofía es «constitutivamente» no sistemático. Butler, de hecho, rechaza elaborar de manera orgánica su teoría, abandona voluntariamente cualquier recorrido lineal, sea progresivo o sea circular, y vuelve a retomar desde el principio el movimiento de su reflexión filosófica, vuelve sobre lo dicho, a veces precisando o reformulando tesis ya expresadas, otras veces aplicándolas a otros contextos. A su vez, esto puede llevar a redefiniciones posteriores, cambios de perspectiva o, incluso, nuevas visiones. Dice de sí misma, a propósito: «Creo no haber buscado nunca conciliar lo que he escrito en un determinado momento con lo que he escrito en otro momento» [«Reply from Judith Butler to Mills and Jenkins», 180]. Y esta elección se debe a que, para ella, está vigente una temporalidad particular, «un círculo que lleva a cuestiones sin explorar, a nuevos esfuerzos por afrontar una serie de problemas» que inducen a volver atrás sin intentar crear ningún tipo de continuidad, pues es la discontinuidad lo que es productivo [*ibidem*, 181].

En Butler, en definitiva, el pensamiento es un fluir continuo, es movimiento. Lo que parece posible, siendo realistas, es intentar capturar algunas de las instantáneas que le parecen (a quien fotografía) especialmente representativas.

III. No se me pasó nunca por la cabeza ser una teórica queer

La primera fotografía captura a Judith Butler en el momento en que irrumpe en el escenario del *star system* internacional con *Gender Trouble,* el provocador libro en el que expone la teoría de la performatividad del género y que le abriría las puertas para ser profesora en Berkeley. Estamos en 1990; desde entonces, el ascenso de Butler será imparable y sobrepasará los límites del mundo académico. Sus libros aparecen incluso en campañas publicitarias de marcas de lujo, que revelan así su alma *pop culture.* En una divertida paradoja, pero no del todo inesperada, Butler se convierte en un icono para el pensamiento liberal contra el que expresa su completa aversión o, cuando menos, contra una parte significativa de él.

El mismo año, Teresa de Lauretis relaciona por primera vez el adjetivo *queer* con el sustantivo teoría y acuña la expresión *Queer Theory* con motivo de una conferencia sobre la homosexualidad que organiza en la californiana Universidad de Santa Cruz. La intención de De Lauretis es manifiestamente crítica: marcar distancia —crítica, para ser exactos— con los discursos que construyen la homosexualidad masculina y la femenina como una misma forma de homosexualidad, además de expresar el rechazo hacia una epistemología que coloca la heterosexualidad como punto de referencia en la investigación sobre la sexualidad y para la cual la homosexualidad es identificable solo por contraste [De Lauretis 1991].

Es la misma intención que anima a Butler, quien en *Gender Trouble* adopta una línea crítica sobre la sexualidad asumiendo la diferencia entre sexos (que ella define en singular, pero de la que rechaza la distinción binaria) como uno de los puntos que cuestionan la relación entre biología y cultura para oponerse a la aparente neutralidad detrás de la cual se esconde el poder heteronormativo que oprime a las minorías sexuales y de género. Curiosamente, en *Gender Trouble,* hoy considerado unánimemente uno de los textos fundacionales de la teoría *queer,* no hay una sola referencia explícita a tal perspectiva, ni Butler pensó en un principio ser su representante. Lo declara en una entrevista concedida en 1994:

Recuerdo que estaba sentada al lado de alguien en una cena y me dijo que trabajaba en la teoría *queer.* Y yo le pregunté: ¿qué es la teoría *queer*? Él me miró como si estuviera loca, porque evidentemente pensaba que yo formaba parte de esa cosa llamada teoría *queer*. Sabía solo que Teresa de Lauretis había publicado un número de la revista *Differences* llamado *Queer Theory*. Pensaba que era algo que había puesto en marcha ella. Está claro que no se me pasó nunca por la cabeza verme catalogada como una teórica *queer* [«Gender as Performance», 32].

Se trata de un posicionamiento en el que Butler, refractaria a las definiciones, se reconoce en todo caso. A partir de *Bodies That Matter,* en 1993, lo *queer* adquiere mucha importancia en su proyecto democrático radical de transformación social. Butler, por lo demás, considera que dicho término tiene la capacidad política de actuar en los lugares inexplorados que hay más allá del mundo binario. Lo *queer,* en definitiva, es «indecibilidad y apertura» [Kornak 2015:67].

Desde el primer día, *Gender Trouble* «hace ruido» por la radicalidad de las tesis que expone, que giran sustancialmente alrededor de dos temas centrales. Por un lado, el rechazo al binarismo entre sexo y género, rechazo entendido en los términos que explican la relación entre un algo dado y la construcción de un algo, relación que cierta tradición feminista tiene como algo fundacional. En segundo lugar, una peculiar concepción del género, que para Butler no se limita a ser una construcción, sino que es verdadera *performance:* no se «es» ni se deviene «género», sino que se «hace». Podríamos incluso decir que el género no es un hecho, sino un «acto» y, en cuanto tal, para Butler «es hecho».

El carácter subversivo de la obra queda claro inmediatamente: las tesis expuestas, «radicales» de por sí, se «radicalizan» en un proceso de «demonización» que parte de la posición filosófica de Butler y acaba por afectar a la persona. Un ejemplo son los citados sucesos de Brasil en 2017, cuando los manifestantes vociferaron *«Burn the Witch».* El mundo académico no es ajeno a este proceso. A finales de los años noventa, Martha Nussbaum la acusa de «colaboración con el mal», y considera la teoría de Butler una «respuesta equivocada» a las exigencias concretas de justicia social por parte de las mujeres. Para Nussbaum, la parodia que propone Butler en *Gender Trouble* (y que adquiere una importancia fundamental, aunque reformulada, en todo su recorrido intelectual) es la expresión de un quietismo que ha renunciado a creer que el derecho y las instituciones sean capaces de proteger la igualdad y la dignidad de las personas, temas quizá considerados «sexualmente aburridos» por la filósofa de Berkeley [Nussbaum 1999].

Como acotación, puede ser interesante apuntar que Nussbaum, en su crítica, se refiere a los ciudadanos. Profundizar en la cuestión, que parece presentar muchos puntos problemáticos, nos llevaría lejos de nuestro propósito y de Butler. No resistimos la tentación, no obstante, de recordar que, al contrario que Nussbaum, Butler no recurre nunca a tal controvertida categoría conceptual, que es notoriamente funcional para crear jerarquías entre los seres humanos.

En cualquier caso, por lo que respecta a Butler, Nussbaum es muy clara: el feminismo pide más y las mujeres necesitan algo mejor. Lo que presenta Butler no es más que un ejercicio narcisista de autorrepresentación, que abdica de la política real y se limita a recomendar payasadas teatrales con un lenguaje abstruso *[ibidem]*.

Sin duda, en *Gender Trouble* hay «mucha» Butler, del mismo modo que hay «mucho» de las relaciones que para ella son significativas. Hay, sobre todo, una persona que en un cierto momento de su existencia comprendió que estaba en la encrucijada de más de un género y que para mantener unidos todos los aspectos de su vida decide escribir un texto académico y político con un registro marcadamente autobiográfico [*Gender Trouble,* XVI-XVII].

Hay una persona que no se ha sentido nunca a gusto con el sexo femenino que le ha sido asignado por nacimiento y que, tampoco después, se sentirá «como en casa» con esa clase de «heterodesignación», de modo que prefiere que se refieran a ella con el pronombre neutro *They,* en lugar de con el femenino *She* [Ferber 2020].

Hay también una persona que ha sufrido de muchas maneras la violencia de las normas de género: el *coming out,* el perder oportunidades de trabajo y vitales, e incluso el encarcelamiento de un tío, considerado culpable de tener un cuerpo anatómicamente anómalo y, por ello, obligado a pasar los días recluido en un centro especial, aislado de la familia y de los seres queridos; sin olvidar a los primos homosexuales, obligados a irse de casa por culpa de una sexualidad real o imaginada [*Gender Trouble,* xix].

Por último, desde un punto de vista retrospectivo, hay una persona que vuelve mentalmente a los años sesenta y setenta, cuando su madre intentaba parecerse a una diva de Hollywood y el abuelo adoptar el aspecto de Clark Gable si querían integrarse en la sociedad estadounidense, y que consigue elaborar su teoría empujada por la curiosidad de entender las formas de funcionamiento de las normas de género [Zadjermann 2006].

Sobre la presencia de aquel «mucho», Nussbaum tiene toda la razón. La duda de que a Butler le guste incorporar al relato sus experiencias personales no es del todo infundada y se le debe reconocer una cierta maestría en la gestión de su imagen púbica, a partir de la sabia utilización que hace de las anécdotas en sus libros.

Con todo, *Gender Trouble* no es solo un simple ejercicio de autorrepresentación personal, sino una verdadera obra filosófica, escrita además de manera que no se entiende inmediatamente. Este es un aspecto que a Butler le acarrea críticas, no solo de Nussbaum, sino también de Fraser y otras figuras intelectuales que han remarcado lo difícil que es comprender su lenguaje, lo que algunos maliciosamente interpretan como una estratagema utilizada para esconder la ausencia de tesis sustanciales y originales, además de para confundir al que lee. Otros se han centrado en la «radical oscuridad» de los textos butlerianos, como si la difícil empresa que es leerlos diese la sensación de acceder a un nivel de verdad superior respecto al sentido común. Esta es la postura, por ejemplo, del filósofo Jean-François Braunstein, que en algunas apariciones públicas ha definido a Butler como «oradora encantadora», evocando así una imagen de maga —¿bruja?— que nos dice mucho de su posición ante la «ideología de género», que parece que esté contribuyendo a «hacer enloquecer» a la filosofía [Braunstein 2018].

Acerca de la difícil comprensión del lenguaje, Butler parece ser una excelencia: en 1998, se le concede el premio del *Bad Writing Contest,* convocado anualmente por la revista académica *Philosophy and Literature* para celebrar los pasajes estilísticamente más feos de los libros y de los artículos académicos. Más de cuarenta periódicos dan la noticia de que Butler ha ganado el premio. Butler toma la palabra un año después en *The New York Times* para recordar que aún no había recibido el cheque que le correspondía al ganador [«A "Bad Writer" Bites Back»].

En aquella ocasión encuentra el modo de dejar claro un aspecto que quizá se le había escapado a muchos, por lo general concentrados en la oscuridad de su estilo: *Philosophy and Literature* es una revista conservadora y quienes ganan el ambicionado premio son siempre intelectuales de izquierda que estudian temas relacionados con la sexualidad, la «raza», el nacionalismo y el capitalismo. En principio, la de Butler parece una observación banal. Sin embargo, a medida que se adentra en la lectura del artículo, sus intenciones quedan cada vez más claras: levantar la legítima sospecha de que lo relevante no es la manera de escribir, sino el contenido de lo escrito.

A las críticas relacionadas con su estilo de escritura intrincado y difícil de entender, Butler responde en la introducción a la edición de 1999 de *Gender Trouble* con una pregunta: «¿Quién establece los protocolos de "claridad" y a qué intereses sirven estos protocolos?». La claridad, subraya, es en sí un artificio: «Al exigir claridad, se olvida que detrás de una expresión aparentemente "clara" hay trucos» [*Gender Trouble*, xix]. Dejemos abierta la cuestión, que ciertamente no deja de hacernos reflexionar. Frente a los detractores de su estilo, nos limitaremos a observar un detalle: aunque, con el paso de los años, la escritura butleriana se volverá menos alusiva y más abierta, *Gender Trouble*, con la crítica que hace a la decadencia del poder heterosexual, sigue siendo un ejemplo importantísimo de obra filosófica que ha logrado llegar al gran público a pesar de tener una prosa difícil.

Antes de entrar a estudiar su análisis teórico, aunque Butler no necesita verdaderamente ningún abogado defensor, queda por replicar la otra acusación de Nussbaum. En concreto, hay que rechazar de inmediato la idea de que la parodia, a la que recurre Butler para explicar cómo funciona la performatividad, sea expresión de un quietismo resignado, y menos aún se trate de una payasada. Es cierto que Butler vio inicialmente la parodia como una «política de la desesperación» [*Gender Trouble*, 186] y que reconoció el carácter subversivo en un segundo momento, sustancialmente después de las críticas de Nussbaum. Sin embargo, la parodia es también, desde el principio, una práctica política dirigida a revelar cómo lo que aparece como un algo «dado» (es decir, concedido por la naturaleza) en realidad está «también» construido y a liberar las normas de género del binarismo al que están normalmente ancladas. Así pues, en esta actitud no se advierte ningún tipo de resignación o quietismo. Por el contrario, la actitud de Butler, a pesar de la imposibilidad de escapar del poder (en referencia a una concepción foucaultiana del poder), acepta la posibilidad de *agency*.

La lectura crítica de Nussbaum, que se limita a circunscribir la teoría de la performatividad casi exclusivamente a la dimensión cultural, fracasa precisamente cuando no logra captar cómo el análisis de Butler parte realmente del nivel simbólico y cultural, pero no se detiene allí por cuanto sirve para abrir la posibilidad de replantearse el género, además de la acción política.

Si esta constituye el objetivo de *Gender Trouble,* cuyas conclusiones se titulan no por casualidad «From Parody to Politics», la atención de Butler a las cuestiones de la *agency* política de los sujetos convertidos en marginales se hace cada vez más concreta en los trabajos siguientes. En *Undoing Gender,* la filósofa de Berkeley amplía sus reflexiones sobre el género para incluir de manera más detallada la subjetividad de las personas trans e intersexuales, poniendo una atención especial en la lucha política. A continuación, y especialmente en *Towards a Performative Theory of Assembly,* su atención se concentra en la «política de la calle», es decir, en la aparición de cuerpos en el campo político y en las luchas democráticas que expresan formas de resistencia y de solidaridad radicales.

Butler, en definitiva, es consciente de vivir en un contexto histórico contingente, complejo, contradictorio y conflictivo. Para entender cuáles pueden ser las formas de la acción política que permitan ir más allá de la normalización, cree fundamental considerar conjuntamente tanto los mecanismos y el funcionamiento de la reglamentación institucional y simbólica como los relacionados con las concretas instancias jurídicas empíricas, pues los dos niveles se co-implican y se relacionan constantemente en un juego de continuos intercambios.

Para llevar a cabo este ambicioso proyecto, prefiere adoptar una perspectiva antifundacionalista: para ella, todas las subjetividades son consecuencia de una performatividad sutil, legitimada en el plano político, que hace que parezca natural algo que no es natural, es decir, la diferencia de género. La mujer y el hombre, entendidos como esencias o como natura, no existen. Al privar a las narraciones naturalizantes de la heterosexualidad obligatoria de sus propios referentes —el hombre y la mujer—, y al colocar las prácticas de resignificación del género en la esfera política, Butler se propone hacer posible incluso la materialización de las existencias de quienes no entran en el esquema heterosexual.

El tema central es, pues, la relación entre poder y sexualidad: el poder produce lo que dice representar, sujetos incluidos, y lo hace a través de prácticas de legitimación y de exclusión que se basan en normas de género que, una vez establecida la estructura jurídica y política, devienen imperceptibles y acaban por ser acrítica e inconscientemente reiteradas, con lo que parecen naturales. Butler rechaza esta naturalidad y, más bien, intenta sacar a la luz el carácter violento y «disciplinador» de una normatividad que, aunque despliega el radio de acción hacia todas las subjetividades, afecta más a unas que otras, y elimina las existencias consideradas no conformes con lo que dice la norma. Estas existencias, excluidas desde el principio de lo que puede ser considerado humano, pueden llegar a ser incluso «irreales».

Claramente, la suya es una operación crítica incluso en relación con el feminismo que presupone la existencia del referente «mujer» en cuanto sujeto unitario de las propias reivindicaciones políticas encaminadas a rechazar una subordinación femenina que se tiene como inevitable, pero que no lo es, pues es el resultado de un proceso histórico concreto. La crítica a este tipo de feminismo llevó a «malentender» a Butler y a considerarla una filósofa postfeminista. Sin embargo, ella no rechaza el feminismo, no se opone a él, sino que considera necesario ir más allá de los límites clásicos y poner sobre la mesa la diferencia sexual. Por el contrario, se corre el riesgo de preservar las restricciones binarias relacionadas con la identidad de género y de mantener un cuadro teórico implícitamente heterosexual a la hora de analizar el género, la identidad de género y la sexualidad. De esta manera, se impide a quien no cabe en el binarismo acceder a la realidad y se condena a las minorías sexuales y de género a la irrealidad. Pero ¿qué sentido tiene mantener un sujeto que está construido mediante la exclusión de aquellos que no se ajustan a sus requisitos implícitos? La pregunta es teórica, pero tiene también profundas, y fácilmente comprensibles, implicaciones políticas.

Según Butler, a esta línea de pensamiento pertenece también Simone de Beauvoir, precursora de la distinción entre sexo y género que, en el contexto de la teoría feminista, está vigente desde los años setenta, aunque si se observa con detenimiento hunde las raíces en las ideas protofeministas de Olympe de Gouges y Mary Wollstonecraft. Para Beauvoir, el sexo es un dato biológico, mientras que el género constituye el significado cultural de ese dato y, por tanto, es variable. Para la filósofa francesa, se llega a ser mujer porque la persona de sexo femenino está obligada a ajustarse a un imperativo cultural determinado, a materializarse según las posibilidades que, de manera contingente, están admitidas en un determinado momento histórico [«Performative Acts and Gender Constitution», 522].

Para Butler, el límite del análisis que hace Beauvoir está en haberse quedado en el marco conceptual que postula un agente, el cual asume y se apropia del género, aunque obligado a hacerlo en virtud de normas que impone el exterior (y que, por tanto, no provienen del sexo) y que orientan el deseo sexual en la dirección de la heterosexualidad [*Gender Trouble,* 10]. Beauvoir, en definitiva, sigue sustancialmente dentro del *statu quo,* y como tal, no satisface todas las expectativas.

Sin embargo, su propuesta teórica revela una ausencia interesante: no hay ninguna garantía en relación con el hecho de que la persona que deviene mujer sea necesariamente del sexo femenino. El cuerpo es una situación, por lo que se puede llegar a él solo gracias a la intermediación de los significados culturales, que «ya califican» un cuerpo como masculino o femenino.

Por eso Beauvoir es útil a la causa de Butler: la imposibilidad de conocer el sexo en su simple facticidad le permite sostener que «el sexo, por definición, es desde siempre un género» en cuanto las condiciones de su posibilidad han sido establecidas por el marco cultural de referencia [*ibidem,* donde retoma lo argumentado en «Sex and Gender in Simone de Beauvoir's Second Sex»]. Para Butler, en definitiva, la cuestión es muy sencilla: ser hombre o mujer es «incluso» una cuestión biológica, pero la biología no es neutral respecto al juego político del dominio, que establece quién puede o quién no puede hacer algo; más bien es «uno de los criterios para diferenciar los signos» [Radaelli 2023:15]. Sin embargo, la sencillez de esta tesis se revela subversiva en cuanto constituye una crítica radical a la milenaria teoría de la diferencia sexual.

Se trata de un punto importante en la teorización del *gender trouble,* o sea, del género que causa problemas y molesta, que hasta ahora ha sido fuente de muchos equívocos y malentendidos. Entre los más conocidos, el del *Lexicon* vaticano, en el que el género se define como una nueva radicalización cultural con la cual los promotores del feminismo radical (es decir, Butler, visto que *Gender Trouble* se cita expresamente en una nota a pie de página) pretenden deconstruir la sociedad al permitir que cada cual elija su género [Pontificio Consiglio per la famiglia 2003:344]. Esta tergiversación del pensamiento de Butler se confirma en la conocida *Carta a los obispos* en la que Benedicto XVI afirma que la tendencia a eliminar las diferencias (entendidas como simples efectos de un condicionamiento sociocultural) era el mayor peligro para el desarrollo de las relaciones auténticas entre hombres y mujeres, que son indispensables para salvaguardar la identidad de la persona [Congregazione per la dottrina della fede 2004].

No obstante, cuando Butler aparece en la escena internacional, no abraza en absoluto un constructivismo radical, ni cambiará de idea después: el cuerpo «no» desaparece, ni ella afirma que el género se elija cotidianamente, como si fuera el traje que alguien se pone para salir a la calle. Por el contrario, la operación teórica y política de Butler consiste en el ir «más allá» respecto a la contraposición entre esencialismo y constructivismo. Ella sostiene, de hecho, que la cuestión del género debe afrontarse yendo a la raíz del problema, es decir, haciéndose una pregunta radical: ¿de qué modo se ha formado el orden social dentro del cual tiene lugar la construcción del género? Si uno no se hace la pregunta, se pierde incluso la posibilidad de transformar dicho orden [Zappino 2019:101].

A través de la teoría de la performatividad del género, Judith Butler hace exactamente esto: hace «la» pregunta, dirige su crítica a las condiciones de posibilidad y, así, abre las posibilidades de transformación. Para hacerlo, se basa en las teóricas del contrato heterosexual y, en concreto, en el pensamiento lésbico de los años sesenta, reconociendo en la heterosexualidad obligatoria la norma fundamental del patriarcado que oprime a las minorías sexuales y de género [Bernini 2016:376]. Y esto sí que es «radical»: Butler rechaza, de hecho, la norma fundamental que sigue operativa incluso en mucha de la teoría y de la política feminista y que acepta el sexo como ahistórico y el deseo heterosexual como natural. No niega las diferencias cromosómicas, anatómicas y hormonales del cuerpo, sino que sostiene que es el poder quien establece qué «cuenta» como diferencia sexual y como deseo, al servicio de objetivos políticos de carácter heterosexual [Zappino 2019:104].

Una vez más, el problema es el diferencial de poder: si «cuentan» solamente algunos sujetos, algunos cuerpos y algunas orientaciones sexuales, entonces está justificado atribuir un valor inferior a otros sujetos, a otros cuerpos y a otras orientaciones sexuales (o incluso no atribuir ninguno), llegando a negar la teoría de Arendt del «derecho a tener derechos». En esto se basa la fuerza normalizadora de la performatividad. La cuestión, para Butler, es que no existe ningún sujeto «que esté "antes" del poder, tampoco "fuera" o "más allá" del poder»; creerlo es, para ella, un «sueño políticamente impracticable» [*Gender Trouble,* 40]. Por esto, dar por descontado que exista un modelo de género coherente e ideal no permite comprender la complejidad de las maneras en las que se viven las vidas y, es más, impide vivirlas. La formación del sujeto depende de un cuadro normativo, de un contexto social y político que antecede el nacimiento biológico e identitario del individuo y del que dependen el reconocimiento y la posibilidad de cada cual: la matriz de las relaciones de género precede a la aparición de lo humano.

Esta es la razón por la que el género, para Butler, «se hace» y, como nos recuerda en *Undoing Gender,* se puede incluso «deshacer», o sea, deconstruir. Dentro del marco construido por el paradigma de la heterosexualidad obligatoria, cada cual interpreta un guion y se comporta conforme al modelo de género (hetero)impuesto que le preexiste, dando así vida a un verdadero ritual.

Por lo demás, en el momento en que uno nace y se le declara miembro de un determinado sexo biológico, es decir, desde el momento en que el personal médico exclama «es un varón» o «es una hembra», no solo se le describe como tal ni el enunciado en cuestión se limita a constatar un hecho. Es más, el acto lingüístico tiene un valor «performativo», o sea, da la indicación para ser de un sexo preciso y, por tanto, acaba por crear la realidad que pronuncia porque, desde ese momento, el individuo deviene destinatario de precisas normas de género que imponen comportarse de una manera que sea congruente con el sexo que le ha sido atribuido. Esta idea se la sugiere a Butler la teoría de los actos lingüístico de John L. Austin, para quien algunas expresiones lingüísticas —bautizar, dictar sentencia, «tomar» a alguien por esposo o esposa— son performativos, no se limitan a representar acciones, sino que «hacen cosas con las palabras» y acaban por crear una realidad que antes no existía: el bautismo, el régimen jurídico que sigue a dictar la sentencia, ser un marido o una esposa.

Para Butler, sucede algo parecido con el género: al nacer o, mejor dicho, una vez declarado varón o hembra (porque en el paradigma de la heterosexualidad obligatoria *tertium non datur*), comienza la interpretación del género, es decir, la repetición obligatoria de reglas y códigos sociales, según un guion que es anterior al sujeto y que es incesantemente «hecho», representado. Si es verdad que no lo escribe nadie, sin embargo, el hecho de que un mismo guion lo represente una pluralidad de sujetos permite presentar las *performances* como si fueran algo real: la «cita» repetida de las convenciones y de los códigos sociales del paradigma de la heterosexualidad obligatoria consiente «implementar» la realidad del género. Se trata de una realidad articulada que regula no solo la diferencia de género, sino también cualquier otro campo que remite al binarismo sexual, como el deseo heterosexual.

Se puede decir, entonces, que para Butler el género es un ideal normativo que cada cual actualiza y reproduce a diario, perpetrando su estructura imitativa en una coexistencia paradójica entre coerción y elección. La alternativa es entre existir y ser subordinados o resistir y sacrificar la propia existencia, en una especie de suicidio social. Por esto, la heterosexualidad obligatoria es «una comedia intrínseca, una parodia constante de sí misma» [*Gender Trouble,* 155] en la que la corrección de la *performance* depende del reconocimiento.

Sin embargo, como en todo ideal, el género lleva consigo también una «elección del papel» porque nadie es capaz de seguir perfectamente el guion. En las fallas que produce el descarte de algunos papeles se abre la posibilidad de representar *performances* diferentes, críticas, que permiten una «apropiación indebida de los performativos dominantes» [Surace 2019:259]. El *drag* efectúa precisamente esta apropiación indebida. El travestirse, la confusión intencional de actitudes o de elementos externos, el «intercambio» de los géneros es la modalidad inicialmente elegida por Butler para pensar formas de resistencia al orden regulador. Representando una doble inversión, el *drag* revela que la apariencia es una ilusión, en tanto el aspecto exterior de la persona no se corresponde con su interioridad. De este modo, también demuestra que respecto al género no se puede predicar ninguna verdad o falsedad [*Gender Trouble,* 174].

El *drag,* paradójicamente, desenmascara: hace que desaparezca el carácter de fijeza adscrito a la realidad de género, hace visible la violencia normativa de las morfologías ideales del sexo e impone no considerar la heterosexualidad con los términos de una presuposición natural. Ayuda, así, a abrir brechas que, «resignificando» las normas de género, puedan llevar también a transformar la realidad «subvirtiendo» los discursos hegemónicos. Como confirmación de que el teatro y la política no son tan diferentes [*Gender Trouble,* xx], la parodia que Butler representa es entonces una cosa muy seria: es un intento «dramático» de hacer posible, de repensar lo real.

IV. ¿Qué cuenta como humano?

El nuevo milenio marca un momento de cambio en las reflexiones de Butler. Ha pasado un tiempo considerable desde la aparición de *Gender Trouble*. Las críticas que ha recibido su teoría, achacables principalmente a la herencia que dejó Foucault [Fraser 1995; Nussbaum 1999], la llevan a reconsiderar algunas ideas expresadas anteriormente y a imprimirle a su reflexión el «desarrollo normativo» que había rechazado para centrarse más en el método genealógico [Schippers 2014:32]. Sin renegar de los postulados del manifiesto *queer*, Butler empieza a matizar y a articular sus posiciones a partir de los aspectos voluntaristas que había en sus obras anteriores: ya en *Bodies That Matter* [1993] reconoce que, para ser realmente subversivo, el *drag* debe dirigirse a una resignificación del género potencialmente universal, con el riesgo de que sea instrumentalizado como objeto de entretenimiento del público heterosexual. Así, si en *Gender Trouble* lo universal aparecía como una categoría negativa y excluyente, ahora Butler empieza a reconocer el potencial y encuentra en ello un aspecto performativo.

Como ella misma admite, el compromiso político con la International Gay and Lesbian Human Rights Commission tiene un papel importante en esta apertura, por cuanto la lleva a considerar las reivindicaciones políticas de la minoría (esto es, no solo las de género) como un momento de tumultuosa «aparición» de la aspiración a la universalidad, es decir, elementos de un proyecto democrático que atañe a la condición humana y que no puede no ser confiado a los sujetos oprimidos, en plural [*Gender Trouble,* xxi-xxii].

Por lo demás, en el año 2000, en un diálogo con Slavoj Žižek y Ernesto Laclau, Butler retoma las tesis relacionadas con la democracia radical que había expuesto en 1993 en *Bodies That Matter* para afirmar que la caída del Muro de Berlín y el consiguiente declive de la ideología comunista demostraron que ningún sujeto político colectivo puede defender la pretensión de representar la «voluntad general» sin pagar el precio de la injusticia [*Contingency, Hegemony, Universality. Contemporary Dialogues on the Left,* 22]. Para Butler, en definitiva, tender hacia la universalidad no es propio de las instituciones, a las que corresponde más bien la tarea de garantizar las condiciones de la vida democrática, sino que viene «de abajo», o sea, de quien vive en condiciones de precariedad inducida. Volveremos sobre este punto más adelante, cuando veamos sus reflexiones más recientes sobre el concepto de democracia radical; por ahora, centrémonos en el momento del cambio (con el milenio).

Un acontecimiento de los que hacen época la lleva a cambiar de perspectiva y a concentrarse en el alcance político del concepto de humano. Se trata del ataque a las Torres Gemelas del 11 de septiembre de 2001, un acto de por sí brutal que, a su vez, provoca una serie de actos violentos, a partir de la guerra preventiva promovida por Estados Unidos contra el régimen talibán de Afganistán, acusado de haber tenido un papel activo en la organización de los atentados terroristas. El comienzo del milenio lo caracterizan una serie de cambios geopolíticos de importancia global que tienen un efecto disruptivo tanto en la política internacional como en la vida de las personas. Ante tales eventos, Butler, profundamente afectada, toma la palabra y se pronuncia, y adopta un papel de primer nivel como exponente de la izquierda radical estadounidense que se opone al Gobierno de Bush y a su política exterior.

El texto en el que se argumenta esta toma de posición es *Precarious Life,* hoy considerado uno de los manifiestos clave de la colectividad política mundial antimilitarista y no violenta. Aparece al año siguiente *Giving an Account of Oneself,* donde profundiza en estos asuntos. En realidad, de ningún modo parece que al escribir *Precarious Life* Butler tenga la intención de elaborar un manifiesto, antes bien, advierte la urgencia de reflexionar sobre lo que sucede para comprenderlo sin detenerse en explicaciones banales.

La importancia del momento, que marca un punto de inflexión en el recorrido intelectual de la filósofa de Berkeley, lleva a tomar la segunda fotografía: se trata, como observa Bernini, del momento en que la *drag queen* y el *drag king* de *Gender Trouble* salen de la condición semiprivada de los bares neoyorquinos [Bernini 2019:18]. La cuestión de lo humano plantea interrogantes apremiantes en la filósofa cuando reflexiona sobre la violencia, el luto y la dependencia e interdependencia comunes. En primer lugar, es el momento en que Butler decide detenerse a reflexionar sobre el derecho de existencia (pacífica) a aquellos que, como demuestran los hechos, no cuentan, dejando por un lado el tronar de las bombas y de los ataques militares y, por el otro, el ruido mediático con el que el Gobierno estadounidense e incluso la izquierda argumentan que Estados Unidos es un gigante herido, y construyen esta imagen.

Lo que en esta nueva fase de su pensamiento interesa a Butler ya no son solo los cuerpos de las minorías sexuales y de género, sino también los expuestos a la violencia y a la pérdida de seres queridos. De hecho, en relación con estos, se pregunta acerca de la distribución diferencial del luto, que (a su vez) puede considerarse el resultado tanto de relaciones asimétricas de poder como de la presencia correlacionada de marcos normativos de reconocimiento, también estos políticamente determinados, que excluyen originariamente la posibilidad de llorar a «unos» muertos, pero no a «otros».

Hablar de luto y de duelo es una primera elección original: un estado psicológico que por norma se considera tocante a la dimensión particular, y que luego se convierte en categoría política. Butler se había referido ya a ello en 2000, cuando en *Antigone's Claim* reflexionó sobre la dignidad diferencial del luto que había golpeado a las víctimas gais y lesbianas de la epidemia de sida. Ahora, amplía la reflexión. Al hacer del luto una categoría política, Butler no denuncia únicamente el carácter político de la distinción entre lo público y lo privado, que es desde hace siglos objeto de críticas y deconstrucciones por parte de la teoría feminista. Más bien, al estudiar la violencia y la guerra desde el punto de vista del dolor y de la pérdida, inaugura un modo concreto de hacer política feminista, donde el léxico de la reflexión feminista y *queer* se cruza con el de la política *mainstream* [Guaraldo 2013:9].

Pero hay otra palabra, normalmente circunscrita a lo privado, que a partir de *Precarious Life* adquiere una importancia fundamental en las reflexiones de la filósofa de Berkeley: vulnerabilidad. Butler se ocupa de este concepto para preguntarse críticamente sobre las premisas de la ontología política y lo que queda de ella. Con el estudio de la vulnerabilidad analiza las premisas políticas del Estado como sujeto político y las ontológicas del sujeto humano, combinando la atención al proceso de sumisión y subjetivación con la propuesta de una alternativa ontológica al individualismo liberal. En lugar de ser soberano, autónomo e independiente, para Butler, el sujeto —incluso el sujeto estatal, como veremos— es vulnerable, constitutivamente expuesto al otro, dependiente de su reconocimiento: la vulnerabilidad marca una dimensión precontractual de las relaciones sociales.

Con esta tesis, que perfecciona a partir de la reelaboración crítica del pensamiento de Emmanuel Lévinas y de Hannah Arendt, así como en un largo diálogo con Adriana Cavarero, la filósofa se inserta en un debate muy activo a nivel internacional. Tras un trabajo de reorganización, la vulnerabilidad ha dejado de ser un detalle prescindible de la filosofía política moderna y es hoy uno de los conceptos políticos más relevantes. La teoría feminista ha contribuido de manera relevante a deconstruir el sujeto soberano poniendo el foco en la apertura a la unión con el otro. Se trata de una unión no elegida, ni de naturaleza contractual, como revela la relación paradigmática entre madre e hijo. Es un vínculo no eliminable que expone al sujeto a la alteridad y del que pueden depender tanto la vida como la muerte de la persona. Pues bien, Butler se inserta en esta perspectiva teórica con un cierto grado de originalidad: a ella se le debe, de hecho, la introducción de la distinción específica entre *precariousness* y *precarity* (de donde parte el título *Precarious Life*), que será uno de los temas centrales de sus trabajos más recientes.

Como ya sucedió con lo relacionado con el género, el recorrido que sigue Butler para mantener unidas todas las reflexiones, también en lo que concierne a la vulnerabilidad, son cualquier cosa menos lineales: los temas se entrecruzan, se relacionan y (a veces) se confunden a riesgo incluso de desorientar al público por la riqueza de las sugestiones debatidas.

Conviene, pues, intentar analizar algunas etapas del nuevo itinerario reflexivo.

Todo parte de una negación o, mejor dicho, de una eliminación: la de la vulnerabilidad del sujeto-Estado. El 11-s, Estados Unidos se descubre vulnerable, está profundamente herido, se ha atacado uno de sus símbolos más conocidos, las Torres Gemelas (vulnerabilidad viene precisamente de *vulnus,* herida). Se trata de una afrenta inaceptable de la que (a nivel político) no parece tan importante comprender las causas; lo que importa es reaccionar, deprisa. Es necesario demostrar la fuerza del Estado soberano, eliminar de la memoria colectiva la conciencia de la vulnerabilidad demostrada, reinstaurar el orden, es decir, la ilusión de que es invulnerable. Guerra al terrorismo, violencia y suspensión de las garantías propias del Estado de derecho son los principales instrumentos elegidos para reaccionar a una herida dolorosísima, pero no son los únicos. Se añaden a los dichos la necesidad de proceder a una narración de egocentrismo estatal y autocomplaciente —confiada en primer lugar a los medios de comunicación— dirigida a construir la historia de Estados Unidos como un gigante herido y a justificar su reacción, para ser absueltos tras elegir responder a la violencia con la violencia. Butler recuerda aquí nuevamente al John L. Austin de *How to Do*

Things with Words: la performatividad del lenguaje (incluso mediático) permite al poder «hacer cosas con las palabras» y construir una realidad en la que es la víctima inocente, que ve legitimada su reacción cuando la venganza pasa a ser vista como justicia.

En esta narración autocomplaciente hay dos relatos que no encuentran espacio y para los cuales la contraseña es, más bien, «indecible». Como procura producir consenso, el poder debe encontrar la manera de trazar líneas implícitas de solidaridad y evitar responsabilizarse de la reacción violenta contra el terrorismo. Para ello, califica el mismo acontecimiento (la acción violenta) de manera diferente, según lo haya cometido el enemigo (el atentado terrorista es interpretado como declaración de guerra) o el Gobierno (que, al reaccionar de manera violenta, actúa en legítima defensa). Llega incluso a considerar violentas las llamadas a la paz para así acallar las críticas y reafirmar la legitimidad y justedad de sus acciones. Palabras incómodas, pues, que «no cuentan». Palabras que no pueden decirse y que, dichas, se instrumentalizan para construir una realidad diferente, autoexculpatoria.

Y, sin embargo, para Butler haber elegido proceder de tal modo ha sido una ocasión perdida: «Cuando la soberanía nacional ha sido desafiada, no quiere decir que deba ser mantenida a toda costa si la consecuencia es la suspensión de las libertades civiles y la aniquilación de la disidencia política» [*Precarious Life*, 12]. Comportarse de esta manera no hace más que perpetuar la espiral de la violencia, mientras que reconocer la vulnerabilidad habría permitido a Estados Unidos imaginar una comunidad política global a partir de nuevas bases, dar valor a la interdependencia y repudiar la violencia como forma de reacción al ataque.

En *Precarious Life*, Butler se propone contribuir de manera activa al proceso de imaginación de un mundo alternativo en el que la cultura y la política públicas no acepten la violencia como norma y se inspiren en una ética no violenta. A pesar de reconocer que no ha conseguido proponer «grandiosas conclusiones utópicas» [*ibidem*, 13], intenta asentar estas nuevas bases. Para hacerlo, parte del supuesto según el cual el sujeto soberano es un fetiche, es el legado de una modernidad superada, cuyas aporías han sido ampliamente declaradas por las teorías del siglo xx, entre ellas el pensamiento feminista, además de por los hechos históricos. Esta crisis de soberanía —o, si se prefiere, su carácter ilusorio— se puede aplicar tanto al sujeto como al Estado: en el pensamiento moderno, de hecho, las dos entidades artificiales se implican mutuamente ya a partir de su originaria formulación política en el *Leviatán* de

Hobbes. No es casualidad que a ambas se les puedan aplicar las categorías de contrato, de representación y de legalidad, que hacen referencia a la independencia y al dominio en las relaciones que el sujeto decide voluntariamente establecer y mantener.

Sin embargo, para Butler, no es la independencia lo que caracteriza al sujeto, sino una vulnerabilidad originaria, que lo relaciona de manera constitutiva con los demás, a quienes está constantemente expuesto y entregado desde que nace, sin poder ejercer ningún tipo de soberanía. El 11-s se convierte, entonces, en la ocasión para preguntarse por la teoría del sujeto, la ontología individualista y los poderes del luto y de la violencia, partiendo precisamente de la vulnerabilidad y de la exposición al otro. Para ella, la vulnerabilidad y la pérdida son «consecuencias de ser cuerpos socialmente constituidos, frágilmente unidos a los demás, pero que podemos perder, y expuestos a los demás, con el riesgo de sufrir violencia que se puede derivar de esta exposición» [*ibidem*, 20].

Si, cuando hablamos de un sujeto, por regla general nos referimos a un modelo de *agency* y de inteligibilidad basado en el poder soberano, por el contrario, somos seres sociales y la precariedad *(precariousness)* es el rasgo que caracteriza la condición humana, por cuanto la exposición al otro, la interdependencia y la falta de control sobre nuestra vida y sobre las circunstancias caracterizan el recorrido de la vida individual. Por esta razón, el sujeto inmune propio de la tradición liberal (y también de la neoliberal) es una construcción que se debe abandonar: ni la vulnerabilidad ni la pérdida de los seres queridos pueden ser eliminadas o negadas, so pena de abdicar de la humanidad. Por lo demás, «se busca siempre protegerse e inmunizarse de los ataques del otro, pero cuando se consigue en verdad levantar un muro, entonces se acaba por ser inhumanos» [*Giving an Account of Oneself,* 139].

Por tanto, reconocer en la vulnerabilidad la dimensión precontractual de las relaciones sociales es, además de una de las condiciones de la sociabilidad y de la vida política que caracterizan la vida de cada cual, el comienzo del proyecto ético y político de Butler. No obstante, la vulnerabilidad no es algo que nos une hasta el final: «Si debe atribuirse a cualquier sujeto humano, depende profundamente de normas de reconocimiento preexistente» [*Precarious Life,* 43].

Una vez más, entra en juego el poder según un esquema ya visto en *Gender Trouble.* Si anteriormente el poder negaba el deseo no heterosexual haciendo irreales las vidas de las minorías sexuales y de género, ahora no reconoce la pérdida de otras vidas y el duelo que se sigue, pero el resultado es siempre el mismo: la irrealidad, es decir, la imposibilidad para algunos de existir. Vista la situación subsiguiente al 11-s, Butler se plantea también otras preguntas que se hacen recursivas y alcanzan una importancia fundamental incluso en los textos sucesivos: «¿Qué se entiende por humano?». «¿Qué vidas cuentan en tanto son vidas?». «¿Cuándo puede decirse "vivible" una vida y "llorable" una muerte?», [*ibidem,* 20]. Y aún hay más: «¿Se puede vivir una vida buena en una vida mala?» [*Can One Lead a Good Life in a Bad Life?,* 9], hasta llegar a la pregunta más radical: «¿Qué es una vida?» [*Frames of War,* 1].

Se trata de preguntas que dan pie a una precisa lectura de la realidad. En el escenario posterior al 11-s, los «algo» y los «alguien» no han encontrado sitio. Entre los «algo» están, sobre todo, los discursos relativos a la violencia estadounidense y a la cuestión de la vulnerabilidad del poder norteamericano, como ya hemos visto.

Por lo que respecta a los «alguien», Butler retoma el discurso iniciado con *Antigone's Claim,* cuando se interesó por la diferencia en la dignidad del luto según los cuerpos de las víctimas gais y lesbianas de la epidemia de sida. Pero, esta vez, amplía los postulados: piensa en los cuerpos y en los rostros de los militares caídos en Irak, y en los de los niños víctimas de la guerra, que no se muestran para no suscitar piedad y promover el sentimiento de comunidad y de cercanía. Butler amplía gradualmente el discurso para incluir también otras muertes y otros rostros igualmente no nombrados y escondidos: los de las víctimas del conflicto palestino-israelí.

Por último, considera otros cuerpos: los prisioneros encadenados en Guantánamo. En este caso, a diferencia de los anteriores, se trata de cuerpos visibles, «captados» en algunas fotografías que dieron la vuelta al mundo inmediatamente, pero por razones muy diferentes a lo que pudiera llamarse reconocimiento. En un principio, estas imágenes querían otorgar a los individuos fotografiados el estatuto de animal enjaulado, sin tener en cuenta su calidad de humanos, para reivindicar y reafirmar la supremacía estadounidense. Cuerpos capturados, de hecho. Cuerpos humillados y desposeídos de su humanidad según precisas estrategias de poder que, en aquella ocasión, no funcionaron, sino que alimentaron una oleada de indignación colectiva.

Detenerse a estudiar los cuerpos excluidos permite a Butler sacar a la luz un detalle: el hecho de que, a través de la narración y la representación, el poder tiene capacidad para «seleccionar» a las víctimas de la violencia. A algunas se les reconoce la condición humana, mostrada con imágenes, explicadas tras recorrer su historia, celebradas y, por último, lloradas. Un ejemplo emblemático son las víctimas del atentado contra las Torres Gemelas: se recrearon ampliamente en sus cuerpos y se procedió a enseñar los rostros también para invocar venganza. A otras víctimas, en cambio, se las nombra de manera completamente impersonal: no se las llama por su nombre, no se cuenta su historia ni se elabora una narración, se acaba por referirse a ellas como «efectos colaterales» de los bombardeos, como sucede con los muertos civiles en las guerras. Se trata, podríamos decir con Butler, de muertos a los cuales les está negada la dignidad del duelo. De estas víctimas, el poder no dice sustancialmente nada, por lo que se hace más difícil lamentarlas, percibir cercanía o relación con la pérdida, llorarlas y, en definitiva, encontrar razones para criticar el poder.

En el espacio entre la realidad de algunas vidas y la irrealidad de otras aparece de nuevo el problema del reconocimiento, de la dignidad de los derechos según condiciones que preexisten al sujeto y que constituyen potentes cuadros *(frames)* de inteligibilidad. La posibilidad del reconocimiento del otro depende, de hecho y en buena medida, de construcciones retóricas y culturales que deciden los términos de la inclusión y de la exclusión en lo humano. Por esto, según Butler, es necesario hacer una crítica radical: hay que comprender cuáles son las condiciones de «vivilidad» y de reconocimiento de vidas (consideradas) reales.

La cuestión es, a la vez, ética y política: un cuerpo prescindible es, de hecho, una vida que desde el punto de vista político no se considera esencial reconocer, y mucho menos tutelar. La distribución diferencial de la dignidad del luto produce desigualdades y, por ello, revela que tanto las muertes como las vidas de algunos son desiguales. Por eso está en juego un problema de justicia que tiene que ver con la asignación de valor a las existencias: preguntarse qué vidas no son importantes en tanto tales, cuáles no son reconocibles como vivas y cuáles lo son solo de manera ambigua presupone, de hecho, que no a todos los seres humanos se les reconozca el estatus de sujetos titulares de derecho, a los que es necesario garantizar protección, libertad y sentido de pertenencia política.

Para Butler, concentrarse en el luto permite comprender cómo se comportan los mecanismos diferenciales y «ver» finalmente las diversas formas de «in-vivilidad». Es posible, así, reflexionar sobre las estructuras políticas, económicas y sociales con el fin de poner remedio a las injusticias y de proceder a la transformación de la realidad y, además, abrir espacios para que sea vivible el mundo para otras vidas. En efecto, si algunos son considerados indignos de duelo no es por razones naturales, sino, más bien, porque sus condiciones de *«precarity»* han sido inducidas políticamente. Como son devaluadas respecto a esquemas dominantes de valor, sus vidas no reciben el apoyo adecuado y las redes de protección desaparecen. Es, pues, esta carencia, y no una vulnerabilidad intrínseca, la que expone tales cuerpos diferenciados a heridas, violencia y muerte. Si esto es verdad, entonces la dignidad del luto es ya operativa cuando vivimos:

> Ser digno de duelo significa que, desde el momento en que otros se dirigen a ti, se hace patente que tu vida cuenta, que tu pérdida contaría y que tu cuerpo se trata como digno de vida y de prosperidad mediante la reducción a la mínima expresión de su precariedad y la plena disposición de todos los recursos necesarios para que prospere [*The Force of Nonviolence,* 59].

Entre las diferentes formas de muerte social, Butler recuerda las de

> quien está en la cárcel sin haber sido juzgado; de quien vive en zona de guerra u ocupada, expuesto a la violencia y a la destrucción, sin seguridad alguna ni salida posible; de quien está obligado a emigrar o a vivir en zonas liminares

esperando que se abran las fronteras, que lleguen la comida y la posibilidad de no tener que vivir más en la clandestinidad; de quien vive como parte de un mundo laboral prescindible o consumible para quien la perspectiva de tener un medio de vida estable parece cada vez más lejos; de quien vive al día en un horizonte temporal derruido y sufre en sus carnes el sentido de un futuro difícil [*Can One Lead a Good Life in a Bad Life?*, 12].

Si las condiciones de no-reconocimiento, violación de derechos y angustia existencial son muchas y variadas, la *precarity* parece ser un trazo común.

Con el tiempo, preguntarse críticamente acerca de las categorías y de las estructuras que producen las diferentes formas de cancelación y de desigualdad deviene parte de un compromiso político más amplio y que Butler interpreta como «un proyecto radicalmente democrático» dirigido a llevar a cabo las condiciones por las que todos vean garantizadas estructuras que hagan vivible su existencia [*Notes Toward a Performative Theory of Assembly*, 66]. Para Butler, no se trata únicamente de incluir en los «marcos» de reconocimiento político y sociocultural a quien antes estaba excluido, sino de reorganizar la estructura de la sociedad: lo contrario a la precariedad es la lucha por un orden político y social igualitario en el que la interdependencia vivible —que es a su vez condición de la democracia y su objetivo formativo— se haga posible.

En su concepción de la democracia radical, Butler parte de la nueva política del cuerpo que hemos reconstruido en las páginas anteriores. Se trata de una política en la que la dependencia y la interdependencia humanas adquieren una importancia fundamental. Al manifestar sus necesidades, el cuerpo se impone en su estructural limitación y su capacidad de relación, revelando así su dependencia constitutiva. Para Butler no es posible hablar de cuerpos sin hacer referencia al ambiente, a las máquinas y a los complejos sistemas de interdependencia social, es decir, a las dimensiones no humanas de la vida corpórea que son fundamentales para la supervivencia y el bienestar de todos. A pesar de siglos de proclamas a propósito del *homo erectus,* en definitiva, «el humano no se mantiene en pie por sí solo» [*ibidem,* 131].

Incluso en esta coyuntura Butler mantiene vivo el diálogo a distancia con Adriana Cavarero, que en *Inclinazioni* —un texto casi contemporáneo a *Notes Toward a Performative Theory of Assembly*— parte de la misma tesis, aunque siga luego otros recorridos de reflexión. En una de las ocasiones en las que se detuvo en el diálogo con Butler, Cavarero remarcó que lo que la unía a la filósofa de Berkeley era la atención a la vulnerabilidad y la «relacionalidad», que también la filósofa italiana ve como una cuestión ontológica, dirigida a favorecer la afirmación de un pensamiento que no se exprese en términos individualistas [Cavarero 2009:13].

Al diálogo, Butler le añade la comparación con una perspectiva teórica menos conocida, los estudios críticos sobre discapacidad conocidos como *Disability Studies,* que la llevan a centrarse con intensidad en la importancia del apoyo técnico e infraestructural por las implicaciones que tiene en relación con la reorganización de los espacios de reunión pública y, en consecuencia, de la democracia [*Notes Toward a Performative Theory of Assembly,* 72]. Butler empezó el estudio de la discapacidad en el documental *Examined Life,* en el que ocho celebridades del mundo filosófico —Peter Singer, Martha Nussbaum, Kwame Anthony Appiah y Slavoj Žižek entre ellos— discuten las implicaciones prácticas de sus teorías.

Solo en el que participa Butler hay, además de la filósofa, un sujeto dialogante, como para subrayar la necesidad de confirmar que se necesita interdependencia incluso en el espacio público: la interlocutora es Sunaura Taylor, una activista en favor de los derechos civiles de las personas con discapacidad, con la que Butler pasea por San Francisco hablando de discapacidad, estándares de normalidad, criterios de inteligibilidad de lo humano, accesibilidad, ayuda e interdependencia; y preguntándose «¿vivimos o no en un mundo en que nos asistimos unos a otros?».

Aunque en el documental se menciona de pasada y en un segundo plano, la cuestión democrática es la piedra angular de *Notes Toward a Performative Theory of Assembly.* El nexo entre la lucha contra la precariedad —entendida como *precarity* y por eso inducida por la falta de ayudas— y la democracia se escenifica con la aparición de los cuerpos en el espacio público, es decir, en el momento en que los cuerpos entran en el campo de lo visible y de lo audible [*ibidem, 156*].

El *drag king* y la *drag queen* salen del local, pero no se limitan a confrontarse con los acontecimientos trascendentales de nuestro tiempo. Más bien escenifican una nueva actuación en la que participan los cuerpos de mujeres, *queer* y transgénero, pobres, personas con discapacidad, apátridas y grupos de las minorías religiosas y raciales [*ibidem, 58*]. Por supuesto, son los cuerpos de aquellos que se ven como seres humanos prescindibles cuya vida no se considera digna de atención, protección ni valor. Son también los cuerpos de quienes no se consideran dignos de luto. Son, por último, los cuerpos de quienes, a través de su *performance,* pueden llevar a modificar los cuadros culturales que legitiman las diferencias y las desigualdades.

Este es el motivo por el que, para Butler, la posibilidad de la democracia radical debe esperarse en una perspectiva que nace desde abajo, es decir, en una política del cuerpo que represente la relación entre precariedad y performatividad. Continuando con su trabajo «en los márgenes teóricos de un proyecto político de izquierdas» [*Contingency, Hegemony, Universality*, 11], en *Notes Toward a Performative Theory of Assembly* recupera críticamente el léxico propio de Arendt para sostener que «apareciendo» (es decir, reuniéndose pacíficamente para protestar contra la *precarity* con reuniones, huelgas, vigilias, ocupaciones), los cuerpos desarrollan una actividad política concreta. A veces hacen evidente la negación de su vida combatiéndola; otras veces reivindican el derecho a ser reconocidos y a tener derechos, es decir, a tener el poder que les ha sido negado. Por lo demás, «si apareces en tanto cuerpo por la calle, también tú contribuyes a que emerja la reivindicación del conjunto plural de cuerpos que se encuentran y permanecen allí» [*ibidem, 58*].

Para Butler, no se trata de superar la interdependencia, tampoco la vulnerabilidad; más bien, la aparición pretende crear las condiciones para hacer vivible la interdependencia y la vulnerabilidad. La exposición común a la precariedad no es, pues, sino el terreno compartido de las posibles igualdades y de la recíproca obligación de producir las condiciones de una vida vivible, o sea, de una «vida buena» vivida con los demás [*ibidem*, 218].

V. Una despedida de la realidad

Esta *performance* colectiva, que se enfrenta al poder, nos lleva a tomar la última fotografía. Se trata, exactamente, de una serie de instantáneas que, a diferencia de las anteriores, no presentan a una Butler que adopta el papel de protagonista en el escenario, sino el de espectadora crítica o, como mucho, el de una figuranta en segundo plano. Por lo demás, es algo que Butler nos induce a hacer cuando nos exhorta a «imaginar» un mundo diferente, a abandonar el individualismo en favor de la interdependencia común: hacer democrático y plural el contexto en el que se hacen visibles los cuerpos y audibles las voces.

La primera fotografía retrata la irrupción en las calles —y en las escuelas, en las iglesias, en los sindicatos— del movimiento Ni Una Menos, que movilizó a más de un millón de mujeres en América Latina, en España, en Italia e incluso en Turquía para enfrentarse a la violencia machista contra las mujeres, las personas trans y travestis. Otra imagen inmortaliza a los refugiados de Würzburg cuando se cosen la boca en protesta contra la falta de respuesta del Gobierno: estamos en 2012, pero la protesta se volverá a repetir porque es expresión de una «teatralidad política» que permite comprender inmediatamente y con mucha claridad el objetivo de la protesta, es decir, la presencia de límites políticos a la audibilidad [*The Force of Nonviolence*, 195]. Esta circunstancia nos lleva a cambiar el objetivo de la cámara fotográfica: vemos delante una de las últimas veces en las que el gesto de protesta se ha llevado a cabo, es decir, estamos en Calais en 2017, poco antes de la destrucción y evacuación del campamento: esta vez, los sujetos de la foto son los migrantes iranís.

Todavía hay más: nos detendremos a fotografiar la *performance* ideada por el artista Erdem Gündüz y representada en la plaza Taksim, en Estambul, como forma de protesta contra el Gobierno de Erdogan. Estamos en junio de 2013 y *El hombre de pie* —así se llama la *performance*—, en tanto desafío a la prohibición de asociación y manifestación que ha impuesto el Gobierno turco, pretende descubrir «el carácter encarnado de la opresión» [*ibidem*, 195].

Otras fotografías inmortalizan las imágenes de huelgas de hambre llevadas a cabo por prisioneros, es decir, formas de protesta contra el régimen carcelario, como las de Palestina en la primavera de 2012, y que se repiten esporádicamente. Se suceden más instantáneas, velozmente: una capta a algunos individuos que buscan afirmar su libertad y que se aprestan a saltar muros y vallas puestos para separar a las personas; otra se detiene en las manifestaciones contra el capitalismo, como Occupy Wall Street; una tiene relación con una campaña de boicot a regímenes políticos coloniales, como el sionista [*ibidem,* 202]. La última retrata las manifestaciones, cada vez más concurridas, convocadas para denunciar el racismo de Estado, además de para demostrar que también las vidas *black* (y las vidas *brown*) cuentan [*What World Is This,* 102-103].

Otras fotografías podrían llamarnos la atención, pero es suficiente con detenerse en los casos más frecuentes sobre los que nos advierte Butler, sabedora de que se trata de una lista abierta, estrechamente ligada a las imprevisibles formas con que el poder, con su violencia, actúa en las vidas. Vistas en conjunto, estas fotografías nos permiten captar algunas de las maneras con que puede expresarse la resistencia no violenta contra el poder y nos cuentan también algo más de la concepción butleriana —a la vez ética y política, como el luto— de la no violencia.

Habíamos visto la expresión «no violencia» asomarse tímidamente en las páginas dedicadas a la política en *Precarious Life,* pero es posible encontrarla también en *Giving an Account of Oneself,* que tiene un carácter más filosófico. Si el problema de la violencia fue objeto de reflexión por parte de Butler desde el principio, a lo largo de su carrera la atención a la «no-violencia» (que escribe originalmente con guion, para separar el «no» de la «violencia», y luego como una sola palabra, *nonviolence,* para que forme parte de una intención política que se manifestará poco después) se hace cada vez más intensa y circunstanciada, hasta encontrar su —provisional— punto de llegada en *The Force of Nonviolence.*

Además de Arendt y Lévinas, fueron en primer lugar Frantz Fanon, Walter Benjamin y Melanie Klein quienes proporcionaron a Butler las principales herramientas conceptuales que le permiten reflexionar sobre el tema y replicar las críticas que se le dirigen, sobre todo las de Catherine Mills y Fiona Jenkins [«Reply from Judith Butler to Mills and Jenkins»]. A sus voces, Butler suma también otras, como las de Mahatma Gandhi, Martin Luther King, Achille Mbembe, Sigmund Freud y Albert Einstein. De estos últimos recuerda la famosa correspondencia que intercambiaron a principios de los años treinta, en la que ambos cuestionaban las razones de la guerra y las formas de prevenirla *[The Force of Nonviolence].* Si en el pasado esas páginas las conocía casi exclusivamente el pequeño círculo de partidarios del pacifismo, en los últimos años muchos las han rescatado ante la preocupación general derivada, primero, del conflicto ruso-ucraniano y, aún más recientemente, también en relación con el resurgir de la violencia en Oriente Medio. Redescubrimos así al Einstein intelectual, algo más que un insigne científico, y tenemos la oportunidad de comprobar la extraordinaria actualidad de sus tesis, que estuvieron presentes en el debate público poco después de la Primera Guerra Mundial. Por tanto, se puede decir que Butler se adelantó a su tiempo al llamar la atención del público sobre una figura clave del pacifismo. Además, con Einstein tiene en común no solo la cuestión de la no violencia, sino también los orígenes (judíos), el interés por Spinoza, así como la creencia en que la solución al conflicto palestino-israelí consiste en un Estado binacional basado en la cohabitación entre israelíes y palestinos *[Parting Ways: Jewishness and the Critique of Zionism].*

Pero ¿qué es la no violencia para Butler? ¿Es pasividad, es resignación? Las fotografías que hemos tomado sugieren algo completamente diferente: hablan de actuación y de oposición; hablan de crítica a lo existente y de lucha. Nos muestran sujetos ofendidos, «empantanados» en la violencia, que están llamados a asumir la responsabilidad de elegir si responder a la violencia con violencia o encontrar una forma diferente de reaccionar [«Reply from Judith Butler to Mills and Jenkins», 185]. No son, de ninguna manera, sujetos que viven en paz, ni individuos interiormente pacificados: la ira, la indignación y la agresividad son para ellos cualquier cosa menos hipótesis remotas, hasta el punto de que para Butler la no violencia es precisamente «agresiva» y permite reconsiderar el «pacifismo militante» que Einstein consideraba necesario [*The Force of Nonviolence,* 27]. De hecho, como ha observado Butler, contrariamente a lo que suele creerse, violencia y agresividad no son en absoluto lo mismo. Esto no solo implica que deban mantenerse claramente diferenciados, sino también que es posible la existencia de una no violencia agresiva [*ibidem,* 28].

Para Butler, la no violencia ni siquiera es una crítica de la violencia; más bien, constituye una presuposición, pues la primera no podría existir sin la segunda. Por último, tampoco es una forma de negación de la violencia: seguir hablando de no violencia contrapuesta a violencia significa aceptar, implícitamente o no, las estériles oposiciones con las que solemos pensar en la violencia y en quienes se enfrentan a ella; oposiciones que, sin embargo, dejan margen para imaginar que se puede hacer «algo». Quizás por eso, avanzadas sus teorías, Butler deja de referirse a la «no-violencia» y empieza a pensarla como «noviolencia». Aunque todavía no haya explicado con profundidad las razones de esta elección —o, al menos, no lo ha hecho ni en *The Force of Nonviolence* ni en las entrevistas recientes—, es difícil pensar que la elección de suprimir el guion que separa «no» de «violencia» sea meramente estilística. Parece revelar, más bien, una razón política: Aldo Capitini fue el primero en insistir en la necesidad de sacar la «noviolencia» de la posición de antítesis (y, por tanto, de dependencia) que tiene respecto a la violencia, y propuso no utilizar el guion precisamente para resaltar la nueva posición. Puede que a Butler la empuje la misma exigencia: no limitarse a reflexionar sobre una reacción igual y opuesta a la violencia, sino plantear la cuestión ética y política —las dos dimensiones, como ahora sabemos, están recíprocamente relacionadas— de un método de organización alternativa del poder.

Una vez especificado qué «no es» la no violencia, quizás resulte más fácil entender a qué se refiere Butler cuando aborda este concepto, que muchos todavía ven con cierto escepticismo. En primer lugar, como ya hemos visto al detenernos en las últimas fotografías, la no violencia es una lucha contra las diferentes articulaciones que tiene la violencia, que suelen estar relacionadas con situaciones de desigualdad. Butler no hace ninguna definición de violencia, sea porque la que ya tenemos está «worked over», sea porque una nueva definición sería parcial [*The Force of Nonviolence*, 136]. Más bien, lo que hace es mostrarnos unas formas de expresión de la violencia (pensemos en Guantánamo o en las masacres del 11-s) y otras en las que se articula la no violencia (como el caso de las bocas cosidas o *El hombre de pie*).

Por tanto, la no violencia la forman varias modalidades de rechazo al poder, en concomitancia con las cuales los «condenados de la tierra» (aquí, claramente, Butler se basa en Fanon), «empantanados» en la violencia, se ven obligados a decidir «cómo» responder a ella. Precisamente en esta condición, en la que el recurso a la violencia para responder no es necesario ni necesitado, surge la posibilidad de avanzar en dirección a la utopía, es decir, de actuar para «transformar» el orden político y social: «No estoy segura de que la noviolencia salve la pureza del alma, pero ciertamente elabora, incluso negativamente, otro tipo de vínculo social» [«Reply from Judith Butler to Mills and Jenkins», 192].

Si la utopía es imposible por definición, para Butler es, no obstante, necesaria. El «mundo imposible» al que aspira no es ni un estado de guerra terrible ni una condición ideal de paz perpetua. Se trata más bien de construir otro mundo imaginario y de modificar las modalidades perceptivas, de manera que podamos «alejarnos de las condiciones que nos ofrece el presente político», y creemos las condiciones que hagan que la agresión y el dolor no se conviertan inmediatamente en violencia [*The Force of Nonviolence*, 64].

Hemos visto a qué tipo de vínculo social (y político) se refiere Butler: el que abandona el individualismo y su solipsismo para redescubrir la interdependencia, en sus múltiples dimensiones, preservándola frente a quienes tienen el poder de destruirla. Por esta razón, la no violencia debe entenderse como una «práctica social y política que debe desarrollarse de manera concertada para que culmine en una forma de resistencia a la destrucción sistémica y vaya acompañada del compromiso de fundar un mundo en el que el principio de interdependencia global obtenga reconocimiento y los ideales de libertad e igualdad se pongan en práctica a nivel económico, social y político» [*ibidem*, 21]. La ética y la política no violentas constituyen, por tanto, una pieza muy importante del proyecto radicalmente democrático de Butler, en el que la filósofa propone construir un mundo donde sea posible preservar todas las vidas y donde a todos se les reconozca y se les garantice el derecho a existir y a «contar».

Se trata de un proyecto en verdad ambicioso, declaradamente utópico, pero necesario, como nos demuestran a diario los acontecimientos: «Es probable que la no violencia necesite realmente despedirse de la realidad tal y como está constituida actualmente para que pueda ofrecernos la posibilidad de un imaginario político nuevo» [*ibidem*, 11].

Y Butler nos confía a todos y cada uno de nosotros la responsabilidad de un cambio global y radical, es decir, un papel activo en la construcción de este mundo imposible. Después de todo, la conciencia de la interdependencia y de la precariedad común es la base de la lucha de todos, así como de un compromiso común destinado a convertir, aunque inevitablemente de manera imperfecta, la imaginación en realidad.

Bibliografía

Textos y obras de Judith Butler

«Sex and Gender in Simone de Beauvoir's Second Sex», en *Yale French Studies,* 72 (1986), pp. 35-49.

«Variations on Sex and Gender: Beauvoir, Wittig and Foucault», en *Praxis International,* 5.4 (1986), pp. 505-516.

Subjects of Desire: Hegelian Reflections on Twentieth-Century France, Columbia University Press, Nueva York, 1987. Edición española: *Sujetos de deseo: Reflexiones Hegelianas en la Francia del siglo XX,* E. L. Odriozola (tr.), Amorrortu, Buenos Aires, 2011.

«Performative Acts and Gender Constitution: An Essay in Phenomenology and Feminist Theory», en *Theatre Journal,* 40.4 (1988), pp. 519-531.

«Merely Cultural», en *Social Text*, 52-53 (1997), pp. 265-278.

«A "Bad Writer" Bites Back», en *The New York Times*, 20 de marzo de 1999.

Gender Trouble. Feminism and the Subversion of Identity [1990], Routledge, Nueva York, 1999. Edición española: *El género en disputa. El feminismo y la subversión de la identidad*, M. A. Munoz (tr.), Paidós, Barcelona, 2007.

Butler J., S. Žižek y E. Laclau, *Contingency, Hegemony, Universality. Contemporary Dialogues on the Left*, Verso, Londres-Nueva York, 2000. Edición española: *Contingencia, hegemonía, universalidad. Diálogos contemporáneos en la izquierda*, C. Sardoy y G. Homs (tr.), Fondo de Cultura Económica, México, 2003.

Antigone's Claim. Kinship Between Life and Death, Columbia University Press, Nueva York, 2000. Edición española: *El grito de Antígona*, E. Oliver (tr.), El Roure Editorial, Barcelona, 2001.

Precarious Life: The Powers of Mourning and Violence, Nueva York-Londres, Verso, 2004. Edición española: *Vida precaria: El poder del duelo y la violencia*, F. Rodríguez (tr.), Paidós, Barcelona, 2006.

Undoing Gender, Routledge, Nueva York y Londres, 2004. Edición española: *Deshacer el género*, P. Soley-Beltrán (tr.), Paidós, Barcelona, 2006.

Giving an Account of Oneself, Fordham University Press, Nueva York, 2005. Edición española: *Dar cuenta de sí mismo. Violencia ética y responsabilidad,* H. Pons (tr.), Amorrortu editores, Buenos Aires-Madrid, 2009.

Frames of War: When Is Life Grievable?, Verso, Londres, 2009. Edición española: *Marcos de guerra: Las vidas lloradas,* B. M. Carrillo (tr.), Espasa Libros, Barcelona, 2010.

«Reply from Judith Butler to Mills and Jenkins», en *Differences,* 18.2 (2007), pp. 180-195.

«Can One Lead a Good Life in a Bad Life?: Adorno Prize Lecture», en *Radical Philosophy,* 176 (2012), pp. 9-18.

Parting Ways: Jewishness and the Critique of Zionism, Columbia University Press, Nueva York, 2012.

«Judith Butler Responds to Attack: I Affirm a Judaism That Is Not Associated with State Violence», en *Mondoweiss,* 27 de junio de 2012.

Notes Toward a Performative Theory of Assembly, Harvard University Press, Cambridge, 2015. Edición española: *Cuerpos aliados y lucha política: Hacia una teoría performativa de la asamblea,* M. J. Viejo (tr.), Paidós, Barcelona, 2017.

«What Threat? The Campaign Against "Gender Ideology"», en *Glocalism: Journal of Culture, Politics and Innovation,* 3 (2019), en línea.

«The Compass of Mourning», en *London Review of Books,* 45, 20 (2023), en línea.

The Force of Nonviolence: An Ethico-Political Bind, Verso, Londres, 2020. Edición española: *La fuerza de la no violencia: La Ética en lo Político,* M. Mayer (tr.), Paidós, Barcelona, 2021.

«Why Is the Idea of "Gender" Provoking Backlash the World Over?», en *The Guardian,* 23 de octubre de 2021.

What World Is This? A Pandemic Phenomenology, Columbia University Press, Nueva York, 2022. Edición española: *¿Qué mundo es este? Fenomenología y pandemia,* C. Zelich (tr.), Arcadia, Barcelona, 2022.

Otras publicaciones

Adamo, S., «Judith Butler. Un pensiero che provoca», en *aut aut,* 344 (2009), pp. 3-12.

Bernini, L., «Riconoscersi umani nel vuoto di Dio. Judith Butler, tra Antigone ed Hegel», en L. Bernini, O. Guaraldo (eds.), *Differenza e relazione. L'ontologia dell'umano nel pensiero di Judith Butler e Adriana Cavarero,* ombre corte, Verona, 2009, pp. 16-22.

Bernini, L., M. Andreani, *Glossario,* en L. Bernini, O. Guaraldo (eds.), *Differenza e relazione. L'ontologia dell'umano nel pensiero di Judith Butler e*

Adriana Cavarero, ombre corte, Verona, 2009, pp. 135-146.

BERNINI, L., «La "teoria del gender", i "negazionisti" e la "fine della differenza sessuale"», en *About Gender,* 5.10 (2016), pp. 367-381.

BRAUNSTEIN, J.-F., *La Philosophie devenue folle: le genre, l'animal, la mort,* Grasset, París, 2018.

CASALINI, B., *Il femminismo e le sfide del neoliberismo. Postfemminismo, sessismo e politiche della cura,* IF PRESS, ROMA, 2018.

CAVARERO, A., *Inclinazioni. Critica della rettitudine,* Raffaello Cortina, Milán, 2013.

CAVARERO, A., «Il soggetto belligerante», en *aut aut,* 344 (2009), pp. 13-24.

CAVARERO, A., «Prefazione all'edizione italiana» de J. BUTLER, *Corpi che contano. I limiti discorsivi del «sesso»,* Castellivecchi, Roma, 2023.

CONGREGAZIONE PER LA DOTTRINA DELLA FEDE (ed.), *Lettera ai vescovi della Chiesa cattolica sulla collaborazione dell'uomo e della donna nella chiesa e nel mondo,* Paoline Editoriale Libri, Roma, 2004.

DE LAURETIS, T., «Queer Theory: Lesbian and Gay Sexualities: An Introduction», en *Differences,* 4 (1991), pp. 3-18.

DURMUŞ, D., «Tracing the Influence of Simone de Beauvoir in Judith Butler's Work», en *Philosophies,* 7 (2022), pp. 137-153.

FERBER, A., «Judith Butler on the Culture Wars, JK Rowling and Living in "Anti-Intellectual Times"», en *Newstatesman,* 22 de septiembre de 2020.

FRASER, N., y L. NICHOLSON, «Social Criticism without Philosophy: an Encounter between Feminism and Postmodernism», en *Social Text,* 1 (1989), pp. 83-104.

FRASER, N., «False Antitheses: a Response to Seyla Benhabib and Judith Butler», en S. BENHABIB (ed.), *Feminist Contentions: A Philosophical Exchange,* Routledge, New York, 1995, pp. 71-126.

FRASER, N., «Heterosexixm, Misrecognition, Capitalism: A Response to Judith Butler», en *Social Text,* 52-53 (1997), pp. 279-289.

GLEESON, J., «Judith Butler: "We Need to Rethink the Category of Woman"», en *The Guardian,* 7 de septiembre de 2021.

GUARALDO, O., «Introduzione», en L. BERNINI, O. GUARALDO (eds.), *Differenza e relazione. L'ontologia dell'umano nel pensiero di Judith Butler e Adriana Cavarero,* ombre corte, Verona, 2009, pp. 7-14.

GUARALDO, O., «Introduzione», en *Vite precarie. I poteri del lutto e della violenza,* Postmedia, Milán, 2013.

GUARALDO, O., «La disfatta del gender e la questione dell'umano», en J. BUTLER, *Fare e disfare il genere,* F. Zappino (ed.), Mimesis, Sesto San Giovanni, 2014, pp. 9-27.

JASCHIK, S., «Judith Butler on Being Attacked in Brazil», en *Inside Higher Education,* 13 de noviembre de 2017.

KIRBY, V., *Judith Butler. Live Theory,* Continuum, Londres-Nueva York, 2006.

KORNAK, J., «Judith Butler's Queer Conceptual Politics», en *Redescriptions,* 18.1 (2015), pp. 52-73.

LANDES, R., *Judith Butler, the Adorno Prize, and the Moral State of the «Global Left»,* 31 de agosto de 2012 (en línea).

NUSSBAUM, M., «The Professor of Parody», en *The New Republic,* 22 de febrero de 1999.

OLSON, K. (ed.), *Adding Insult to Injury. Nancy Fraser Debates Her Critics,* Verso, Londres-Nueva York, 2008.

OSBORNE, P., L. SEGAL, «Gender as Performance: An Interview with Judith Butler», en *Radical Philosophy,* 67 (1994), pp. 32-39.

PONTIFICIO CONSIGLIO PER LA FAMIGLIA (ed.), *Lexicon. Termini ambigui e discussi su famiglia vita e questioni etiche,* EDB, Bolonia, 2003.

REDAELLI, E., *Judith Butler. Il sesso e la legge,* Feltrinelli, Milán, 2023.

SCHIPPERS, B., *The Political Philosophy of Judith Butler,* Routledge, Nueva York-Londres, 2014.

Surace, V., «Judith Butler e il carattere performativo del potere», en *Im@go. A Journal of the Social Imaginary*, 14 (2019), pp. 248-270.

Taylor, A., *Examined Life*, documental, 2008.

Zadjermann, P., *Judith Butler: Philosophical Encounters of the Third Kind, film profile*, 2006.

Zappino, F., *Comunismo queer. Note per una sovversione dell'eterosessualità*, Meltemi, Roma, 2019.

Índice

«No hay barrera, cerradura ni cerrojo que puedas imponer a la libertad de mi mente».

Virginia Woolf